VENDER SIN PEROS

TRATAMIENTO EFECTIVO DE OBJECIONES EN VENTAS

ROMAN KMENTA

Pie de imprenta

1ª edición 04/2023

Diseño de portada: Monika Stern / sternloscreative
Maquetación: VoV media
Ilustración: VoV media
Edición y corrección: VoV media
Derechos de autor de la imagen: Freepik hole-from-ball 73
Editor: VoV media - www.voice-of-value.com

ISBN libro en rústica: 978-3-903845-56-5
ISBN libro en tapa dura: 978-3-903845-57-2
ISBN eBook: 978-3-903845-89-3

CONTENIDO

PRÓLOGO

Mientras estoy sentado frente al jefe de formación de un importante proveedor de telecomunicaciones, puedo sentir la energía positiva en el aire. Nuestra relación es sólida y ambos parecemos disfrutar de la compañía del otro. Durante nuestra conversación, he destacado los excepcionales módulos y contenidos de formación que ofrece nuestra empresa. Asimismo, hice hincapié en nuestra amplia experiencia y en los numerosos clientes satisfechos que tenemos como referencia. Para reforzar aún más nuestra propuesta de valor, mencioné que somos socios de otro proveedor de formación de renombre, conocido como X.

La conversación ha ido viento en popa, y el responsable de formación parece impresionado con lo que podemos ofrecer. Por supuesto, surgió inevitablemente el tema de los precios. Le informé de que nuestros precios son competitivos, con tarifas que se sitúan en el diez por ciento superior del mercado. Para mi sorpresa, mencionó despreocupadamente que no le sorprendía, dado que X también es socio nuestro. X es conocida no sólo por su reputación, sino también por sus precios superiores.

Una objeción, pienso, y empiezo a refutarla de forma bastante automática y sin pensarlo ni un segundo. *"Sí, pero a cambio también .... bla, bla, bla"*. Defiendo mi elevado precio, lo justifico y me justifico por atreverme a pedir tanto.

Ella me escucha y después de lo que parece una eternidad dice: *"Pero eso no significa que no te reservaríamos por eso"*. Esta afirmación me golpea como una bofetada en la cara y me saca de mi trance de "sí, pero". *"Cierto"*, pienso, *"eso no significa eso"*.

¡Descubre las lecciones de una experiencia de ventas duradera! Puede que este episodio de hace dos décadas haya tenido lugar hace mucho tiempo, pero su impacto permanece. ¿Me llevé algo valioso de él? Por supuesto. ¿Soy perfecto ahora en el manejo de las objeciones? Ni mucho menos. Pero, al menos, ahora puedo reconocer mis errores, en lugar de que otros me los señalen, como en ese ejemplo. Merece la pena compartir estas lecciones, y por eso he escrito este libro.

El error que yo cometí es demasiado común entre los vendedores de hoy en día. Por eso este libro es tan relevante. Profundizaremos en lo que salió mal y descubriremos ideas ocultas desde la perspectiva de la psicología de ventas. Prepárate para sorprenderte.

Objeciones, el caso normal

Las objeciones son habituales en las ventas y ocurren más a menudo de lo que se piensa. Siempre que un cliente no compra, es probable que haya una objeción. Incluso cuando un cliente compra, puede haber objeciones sin resolver. En resumen, las objeciones son una presencia constante en el proceso de ventas.

Sin embargo, no siempre es fácil reconocer las objeciones. A veces se expresan en voz alta, otras veces se susurran tan bajo que es fácil pasarlas por alto. Los clientes pueden expresar objeciones que no son las reales, o guardárselas para sí mismos. Independientemente de cómo se comuniquen las objeciones, siempre están presentes en las interacciones de venta.

Dada la prevalencia de las objeciones en las ventas, merece la pena dedicar un libro entero a este tema. Comprender las objeciones y aprender a manejarlas con eficacia es crucial para tener éxito en las ventas.

Además, las objeciones no sólo son omnipresentes, sino que a menudo los vendedores las percibimos como desagradables y molestas. Es comprensible. Por supuesto, preferiríamos que el cliente se limitara a decir "Sí, quiero" o a ratificar la oferta. Esto también ocurre, pero el camino hacia el acuerdo suele estar empedrado de objeciones.

Así que es hora de hacerse amigo de ellos o, como mínimo, hacer una tregua mientras dure el libro. Sólo entonces podrá asimilar plenamente lo que voy a decirle en las páginas siguientes y aplicarlo con éxito en sus reuniones con clientes.

Mucho de lo que cree saber sobre las objeciones es falso o puede verse desde perspectivas totalmente diferentes. Se dará cuenta de que con frecuencia ha dificultado innecesariamente sus conversaciones de ventas en algunos aspectos, y que en el futuro le resultarán mucho más fáciles. Y puede que incluso llegues a apreciar, incluso amar, las objeciones. Es posible que en el futuro estés ansioso por escuchar la próxima objeción de tu cliente.

Sin embargo, te resultará más fácil tratar las objeciones en cualquier caso. Aprenderás a tratarlas de forma relajada porque dispondrás de muchas variantes y estrategias para afrontar estas situaciones.

¿Sientes curiosidad? Pues empecemos. Que disfrutes de la lectura.

¿POR QUÉ SON BUENAS LAS OBJECIONES?

Imagínate que estás hablando con un cliente y te presentas a pleno pulmón. A preguntas como *"¿Qué le parece?"*, el cliente responde con un *"Sí, muy bien"*, comedido y sin emoción. Y uno puede pensar: hasta aquí todo bien. Pero, de algún modo, una sensación desagradable se extiende por la boca del estómago. Algo va mal. Algo que tu cliente no quiere contarte. No te crees su *"Sí, muy bien"*. Su lenguaje corporal y su forma de decirlo no enfatizan el *"Sí, bastante bien"*.

Como no eres de los que se rinden fácilmente, le preguntas con valentía: "¿Hay algo que le moleste?". El cliente responde secamente: "No". Sin inmutarse, continúa: "¿Tiene alguna pregunta?", a lo que el cliente responde: "No, ninguna hasta ahora". La interacción continúa de esta manera tan rígida, hasta que el cliente acaba despidiéndose con un "Me lo pensaré".

Aunque la esperanza es eterna, en este punto tus perspectivas no parecen demasiado prometedoras. Te despides, sin saber si volverás a saber de este cliente.

Cuando ya eres un profesional de las ventas, haces un seguimiento unas cuantas veces más e incluso vuelves a ponerte en contacto con ese cliente, en el primer intento de seguimiento... y luego no lo haces.

¿Qué ha fallado? El cliente había dicho que le había gustado. Vale, sus palabras fueron *"bastante bien"*, lo que no significa una intensificación de la palabra "bien", al menos en mi región lingüística. Y sin embargo, cuando se le preguntó si algo le molestaba, dio un claro "no". Sin embargo, sabías que la conversación había tomado un rumbo equivocado en alguna parte y se había torcido. Desde el primer momento tuvo claro que no iba a salir nada sensato. Tienes un sexto sentido para este tipo de cosas, en el que confías, digan lo que digan los otros cinco sentidos.

No son las objeciones expresadas las que nos preocupan como vendedores, sino las que nuestros clientes no expresan. Son las que se guardan para sí mismos, por la razón que sea. Las que nosotros, por tanto, no conocemos, sino que sólo podemos suponer. Las que nos dejan correr hacia el vacío.

En cambio, una objeción bien articulada es un valioso regalo del cliente. Independientemente del resultado, tanto si lleva a un acuerdo comercial fructífero como si no, la disposición del cliente a expresar sus preocupaciones es un paso adelante positivo. Con sus objeciones claramente expresadas, tienes la oportunidad de abordar y superar cualquier obstáculo. Esta franqueza del cliente permite un debate más transparente y productivo, lo que aumenta las posibilidades de cerrar el trato.

Aunque no puedas superar una objeción y el cliente decida finalmente no seguir adelante con el trato, hay un resquicio de esperanza. Esta situación puede servir como oportunidad de crecimiento y mejora de su producto o servicio. Si varios clientes plantean la misma objeción, puede ser señal de que hay margen de mejora en ese ámbito. Aunque pueda resultar decepcionante en el momento, dedicar tiempo a escuchar y comprender las objeciones de tu cliente puede conducir a cambios positivos y, en última instancia, a mejores resultados en el futuro.

"Las objeciones son asesores comerciales gratuitos".

Por tanto, aprende a apreciar las objeciones de tu cliente y a verlas como obstáculos de los que puedes salir, siempre partiendo de la base de que el cliente también te habla de ellas. Pero, ¿y si no lo hace? ¿Y si tu cliente prefiere guardarse su objeción para sí mismo? Hay formas y formas de sonsacar los secretos del cliente, no siempre, pero sí de vez en cuando... al menos. ¿Cómo hacerlo? Lo trataremos un poco más adelante.

Antes de pasar a estos métodos y detalles conversacionales, hay otras cosas que hacer para sentar las bases de una conversación fructífera. Por ejemplo, hay algunos mitos que me gustaría disipar.

LOS 5 MITOS MÁS COMUNES SOBRE LAS OBJECIONES

Los mitos existen en todos los ámbitos de la vida. Son ideas muy extendidas, que se creen ciertas y, por tanto, casi nunca se cuestionan. Pero, si se examinan y analizan más de cerca, la fachada reluciente de muchos mitos empieza a desmoronarse. No en todas partes, pero sí en muchas, se revela detrás otra cara, quizá la verdadera.

Lo mismo ocurre con los mitos relativos a las objeciones. No es que no haya algo de verdad en ellos. No es que el mito no se aplique también en una u otra conversación. Pero hay muchos casos en los que es falso y más bien lo contrario de verdadero.

Mito nº 1: Las objeciones son malas

Ya he desmentido el mito de que las objeciones son malas. Las objeciones son buenas -como ya he explicado- siempre que se expresen. Los únicos obstáculos son los que aún no ha podido obtener del cliente. Pero también nos ocuparemos de ellas.

" Deberías preocuparte si tu cliente no expresa ninguna objeción".

Yendo un paso más allá, la falta de objeciones por parte de un cliente puede ser motivo de preocupación. Si un cliente no plantea ninguna objeción, podría significar que considera que la oferta es demasiado buena para ser cierta o que no participa plenamente en la conversación. En cualquier caso, si no hay objeciones, es señal de que hay que prestar mucha atención. Una oferta realmente sensacional, presentada de forma atractiva y convincente, debería suscitar preguntas e incitar al cliente a pedir más información. Si esto no ocurre, es una señal de que algo no va bien. Créenos, lo sabrás.

O significa -y esto es mucho más frecuente- que tiene una objeción que prefiere seguir guardándose para sí mismo. Así que podría reformular el mito en una afirmación mucho más cierta: Las objeciones tácitas son malas. Estoy de acuerdo.

Mito nº 2: Hay que responder a las objeciones

Hace poco, tuve un participante en un seminario que, en las conversaciones prácticas, reaccionaba a las objeciones de los clientes de forma totalmente automática y con un breve y poco emotivo "Exactamente" y luego permanecía en silencio o simplemente seguía hablando. No había ni rastro de gestión de objeciones.

Con la ligereza con la que pronunciaba el "Exactamente", ni siquiera se interpretaba como un acuerdo. Más bien era una frase retórica que ayudaba a superar la objeción del cliente. Al mismo tiempo, sin embargo, la objeción no fue simplemente ignorada, sino que fue definitivamente notada y reconocida, pero sin darle demasiada importancia.

Y esto es lo que ocurre a menudo cuando un cliente plantea una objeción: el vendedor le presta demasiada atención y peso. Esto agrava el problema que el cliente ha puesto sobre la mesa. Con frecuencia, son mucho mayores de lo necesario.

Por supuesto, el tipo de objeción y la forma en que se plantee afectarán a la respuesta. Algunas objeciones no se pueden dejar de lado con un simple "Exactamente" y otras es mejor no abordarlas. Sin embargo, es un error común pensar que las objeciones siempre deben "tratarse". Esta noción simplemente no es cierta y debe reconocerse como un mito. Por el contrario, es más importante abordar cada objeción con detenimiento y determinar el mejor curso de acción en función de la situación específica.

En los métodos para manejar objeciones, entraremos en más detalle sobre qué objeciones puede ignorar con seguridad o simplemente percibir sin reaccionar ante ellas, y mucho menos "manejarlas". Y allí también aprenderás a hacerlo con elegancia. Exactamente.

Mito nº 3: Hay que eliminar las objeciones

Otro mito es que las objeciones siempre deben "eliminarse" o "resolverse". Esta idea es demasiado limitadora y simplista. Es habitual que los consumidores realicen compras a pesar de tener objeciones sobre ciertos aspectos del producto o servicio. Si alguna vez has comprado algo con pros y contras, entiendes este concepto. Estas objeciones, expresas o tácitas, forman parte del proceso de toma de decisiones. Mientras el cliente decida finalmente seguir adelante con la compra, todo va bien. Así que concedamos a nuestros clientes el mismo derecho y permitámosles tener sus objeciones. Todo forma parte del proceso.

Mito nº 4: Las objeciones debe gestionarlas el vendedor

Un momento, ¿no teníamos ya este mito? Pues no. Este cuarto mito trata de QUIÉN se ocupa de la objeción. Dice que, por supuesto, y como es lógico, tiene que ser el vendedor. Al fin y al cabo, la objeción la pone el cliente. Que el vendedor se ocupe de ella es justo en el sentido de un reparto equilibrado de papeles. Pero justo o no, no está escrito en piedra.

Para algunos lectores, la idea de encomendar al cliente la tarea de gestionar las objeciones puede parecer extraña. Pero este planteamiento tiene sus ventajas como vendedor. Aparte de tener menos trabajo que hacer y no tener toda la carga de quitarte los obstáculos de encima, las respuestas a las objeciones que se da el propio cliente son mucho más convincentes para él.

¿Por qué debería hacer eso o conseguir que tus clientes lo hagan? Más adelante trataremos este tema en detalle. Llegados a este punto, cabe señalar que la fórmula mágica consiste en hacer preguntas.

Mito nº 5: El vendedor debe presentar contraargumentos

La fórmula mágica que acabamos de mencionar también es la clave del quinto mito. Se basa en la siguiente idea, bastante comprensible: El cliente plantea una objeción. A menudo lo expresa como un argumento del tipo *"Yo veo este punto de forma muy diferente..."* o también como una pregunta aparente del tipo *"¿No es cierto que..."* que, sin embargo, si se analiza más detenidamente no representa más que un argumento velado.

Muchos vendedores que se enfrentan a un reto de este tipo no dudan en recoger el guante y rebatir este argumento con un contraargumento. Por supuesto, debe ser uno que pese al menos tanto como el del cliente. La intención es demostrar al cliente que lo que dice es erróneo. A partir de aquí, ya no se trata de impulsar el proceso de venta y llevarlo a buen puerto, sino a menudo simplemente de tener razón.

Y sí, si tienes buenos argumentos como vendedor, puede que lo consigas. Incluso puedes demostrar que el cliente está equivocado con cifras, datos y hechos irrefutables. Puede que incluso te sientas satisfecho de haber conseguido esta pequeña victoria. Y puede que se te note en la cara, aunque no quieras que se note, claro.

¿Cómo reacciona el cliente? Si tiene un poco de agallas, no cederá tan rápidamente y aportará otro argumento más sólido o, a falta de uno mejor, simplemente insistirá en su punto de vista. Por supuesto, como vendedor, tampoco puedes quedarte de brazos cruzados y... En algún momento, ambos estarán tan profundamente atrincherados en sus respectivas posiciones que ya no podrán avanzar hacia el otro. Ni aunque quieran.

Si tienes razón en esta pequeña escaramuza, que también puede convertirse en una batalla en toda regla ... Entonces, ¿quién está equivocado? ¿Quién ha perdido si tú ganas? ¿Cómo se siente el perdedor y, sobre todo, qué sentimientos tiene hacia ti? ¿Y qué es lo que probablemente no hará el perdedor si se siente como se siente, y menos con alguien como tú?

"¿Quieres tener razón o éxito?"

"¿Pero no tengo que refutar las declaraciones falsas del cliente?". Te estarás preguntando legítimamente. No, no necesariamente. Depende de los efectos que tengan esas declaraciones falsas del cliente. Si se trata de cuestiones jurídicas o de seguridad importantes, por ejemplo, habrá que corregirlas en algún momento. Pero esto también puede hacerse de forma mucho más elegante que con el método del mazo de un contraargumento.

Pero, según mi experiencia, la mayoría de las objeciones de un cliente no son de este tipo. Son más bien las que se pueden dejar sin tocar desde un punto de vista. Son las que no tienen que ver con las condiciones marco legales o de seguridad ni obstaculizan el cierre de la venta. Lo único que se interpone es tu ego como vendedor.

Puedes decidir si tienes razón o si prefieres vender algo. La decisión es suya. Tienes que vivir con las consecuencias. Por mi parte, sé lo que elijo, aunque -lo admito- no siempre es fácil.

LOS ERRORES MÁS COMUNES AL TRATAR CON OBJECIONES

Los errores más frecuentes que observo en las prácticas de venta en relación con las objeciones se derivan de los conceptos erróneos comentados anteriormente. Aunque puede haber cierto solapamiento, resumiré estos errores con el fin de destacar su importancia. Creo que evitar estos errores es crucial para el éxito de la venta y para una relación positiva con el cliente. Además, pretendo ofrecer ejemplos prácticos y explicaciones para ilustrar mejor estos errores. El factor subyacente de estos errores suele ser el ego del vendedor. No obstante, no se puede ignorar su importancia.

Admito que los siguientes errores no pueden separarse claramente unos de otros y que proceden de la misma fuente: el ego del vendedor. Sin embargo, esto no disminuye su importancia en el éxito de una presentación de ventas y de la relación con el cliente en general.

Reaccionar con demasiada rapidez

Responder inmediatamente a la objeción de un cliente es una de las cosas más básicas que se pueden hacer mal al tratar con objeciones de clientes. De hecho, a menudo los vendedores ni siquiera esperan a que la objeción haya salido completamente de la boca del cliente. Con demasiada frecuencia, ya la han oído y saben -o, mejor dicho, creen saber- lo que va a suceder a continuación. Basándose en su experiencia, es probable que a menudo tengan razón. A veces, sin embargo, no es así y el cliente termina la objeción de forma distinta a la que el vendedor suponía. La mayoría de las veces, son precisamente las últimas palabras las que siguen conteniendo información relevante.

Pero, aparte de la información que puedas perderte, es de mala educación interrumpir a alguien y no dejarle terminar. Y eso ni siquiera es lo peor. Si respondes en el segundo, te estás precipitando. El cliente te obliga a seguir con sus objeciones. De este modo, como vendedor, cedes parte del control y lo pierdes por completo si no tienes cuidado. En ningún caso debe permitir que esto ocurra.

No hay razón para responder tan rápidamente cuando el cliente plantea una objeción. Date tiempo para asimilar y digerir la objeción. Durante unas cuantas respiraciones, o unos segundos, su respuesta puede retrasarse en cualquier caso. Unos segundos valiosos para ordenar sus pensamientos y buscar la respuesta adecuada. Cuanto mejor preparado estés, más fácil te resultará la búsqueda.

"Sé inteligente y sigue respirando".

Ese fue el consejo de uno de mis profesores para afrontar situaciones inesperadas o difíciles. No es mala idea en absoluto, incluso ante las objeciones del cliente. "Parecer inteligente" te ayuda a mantener la impresión de que controlas totalmente la situación y, por supuesto, de que tienes una respuesta adecuada a la afirmación o pregunta del cliente. Seguir respirando te da un poco de tiempo y -también bastante útil en las conversaciones de ventas en general- oxígeno.

Ten en cuenta que, en casos extremos, la respuesta a una objeción puede tardar horas o incluso días. Por ejemplo, la petición de un cliente de una versión especial (formulada como objeción: *"Desde luego, no lo compraré en este color. No pega nada con el resto del salón")* debe aclararse primero con el departamento de producción. Todo cliente comprenderá que esto lleva su tiempo.

Así que echa un poco el freno y resiste el impulso de tener que responder inmediatamente a una objeción. No tienes por qué hacerlo.

Discutir con los clientes

Evita entrar en confrontaciones con los clientes durante una charla de ventas. Esto puede derivar fácilmente en discusiones y causar daños irreparables en la relación. En lugar de eso, intenta calmar cualquier discusión acalorada y céntrate en encontrar una solución. Ambas partes pueden sentirse insatisfechas si se produce un desacuerdo. Nunca es bueno que una persona se vaya sintiéndose derrotada, y es aún peor si se trata del cliente.

Hablar mal de las opiniones y puntos de vista de tus clientes

Diga lo que diga el cliente, por mucho que discrepe de ti y de tu visión del mundo, no menosprecies sus opiniones. Tómalo como lo que es: su visión del mundo. Por supuesto, la tuya es la más correcta... en el marco de tu visión del mundo. Con esto no quiero decir que estés de acuerdo con el cliente y digas "sí y amén" a todo. Eso ni siquiera es necesario.

Más bien, ya hay mucho hecho si comprendes el punto de vista de tu cliente sin hacerlo tuyo. En la mayoría de los casos, eso es suficiente.

¿Y si llega a ser bastante extremo? ¿Si es una de esas afirmaciones de las que no puedes tomar nota? ¿Una de esas opiniones muy, muy raras en las que incluso entenderla es una tarea imposible? Entonces tienes una opción: aceptarla y prescindir potencialmente de ese cliente, o pensar lo que quieras al respecto, pero al menos mantener la boca cerrada.

Ciertas palabras y frases

Centrémonos en ciertas palabras y frases que se encuentran con frecuencia en relación con enfoques improductivos de la gestión de objeciones. Son la forma en palabras de lo que se ha explicado en los párrafos anteriores. Son tan universales que pueden encontrarse en todos los sectores, con todos los productos y todos los servicios.

Evitar:

- ***"Sí, pero ..."***
  A través del "pero", el pseudoacuerdo, que se supone que es el "sí", se anula y se convierte en lo contrario. "Pero" en este punto significa que lo que se ha dicho antes no es cierto. Es la introducción perfecta para un "duelo argumento-contraargumento".

  Si tienes que utilizar este tipo de redacción, utiliza un "y" en lugar del "pero". "Pero" separa, "y" conecta. "Sí y..." apoya el "sí" y lo convierte en un "sí" sincero, honesto, genuino.

Al mismo tiempo, "Y" te deja la oportunidad de añadir o ampliar el punto de vista del cliente. En lugar de "o lo uno o lo otro", se trata de "y/y".

Sin embargo, existe una variante muy eficaz para utilizar el "Sí, pero..." y conseguir algo muy positivo para ti como vendedor, tu oferta y, por tanto, el argumento de venta. Esto se explica con detalle en el capítulo sobre cómo anticiparse a las objeciones.

- ***"Pero debes..."***
  Tu cliente no tiene por qué hacer nada, y menos lo que tú intentas decirle que haga con este tipo de formulación. Resiste el intento de imponer normas a tu cliente de esta manera. Es demasiado fácil sentirse limitado y tratado con condescendencia por las normas. ¿A quién le gusta eso? A mí no. ¿Y a ti?

  "Pre-sugerencias en lugar de pre-guiones".

  En este caso, las propuestas son mucho mejores que los reglamentos. Con las sugerencias, el cliente puede elegir. Dale a elegir. Si lo haces de forma inteligente (ya llegaremos a eso), elegirá en tu sentido.

- ***"No debes..."***
  Esta formulación es el hermano gemelo de la anterior. En lugar de decirle al cliente lo que debe hacer, con esta formulación intenta decirle lo que no debe hacer. Al final, viene a ser lo mismo. Aumenta el riesgo de que el cliente oponga resistencia e intente recuperar o defender el margen de decisión que se le quiere quitar (lo que en psicología se denomina reactancia).

- ***"No puedes decirlo así."***
  Esta formulación también va en la misma línea. Intentas decirle a tu cliente lo que tiene que hacer, lo cual -como ya se ha dicho- no es muy buena idea en una conversación de ventas.

- ***"Bueno, nunca he oído eso antes."***
  Si esta declaración fuera un reconocimiento casi reverencial de un pensamiento expresado por tu cliente, entonces no habría nada malo en hacer tal declaración. En la inmensa mayoría de los casos, sin embargo, ese no es el motivo oculto. Se trata más bien de una devaluación de lo que ha dicho el cliente. Con las expresiones faciales adecuadas y un tono de voz que lo subraye, es como si lo prologara con un *"Bueno, ¿qué tontería es esa?"*. - y el cliente lo entiende así.

- ***"Pero a cambio, también tienes..."***
  Esta formulación surge de un trasfondo mental diferente. El vendedor se siente débil o cree que su producto o servicio no es lo suficientemente bueno. Por lo tanto, empieza a defender y justificar su oferta. *"Pero para eso usted también tiene..."* es la entrada hablada en tal justificación. Y justificar o defender su oferta la debilita aún más. Los buenos productos y servicios no necesitan tal cosa. Tienen confianza en sí mismos y pueden valerse por sí mismos. No necesitan que un vendedor salga en su defensa.

Todas estas formulaciones no siempre conducen al desastre. Si tu relación con el cliente es lo suficientemente sólida y buena, puede soportar algún que otro "Sí, pero..." o "No debes...". Sin embargo, estas formulaciones no son útiles. En el mejor de los casos, socavan poco a poco las relaciones con el cliente y el clima de debate. En el peor de los casos, conducen rápidamente al final y al infausto final de la charla de ventas.

Hablar demasiado

Hablar mucho coincide plenamente con la imagen que gran parte de la población tiene de los vendedores. Aunque se les mire con un poco de recelo por ello, está ampliamente aceptado que una de las cualidades de un buen vendedor es saber hablar bien y hacerlo a menudo.

Por cierto, se trata de un mito que no se refiere específicamente al tratamiento de las objeciones, sino a las ventas en general. El hecho es que los buenos vendedores, y sobre todo los que tienen éxito, saben hablar, pero también saben hacer preguntas y escuchar. Por desgracia, cuando se trata de hacer frente a las objeciones de los clientes, el tópico generalizado del vendedor que habla mucho se impone con demasiada frecuencia. A falta de otras estrategias y siguiendo un impulso natural, los vendedores a menudo intentan hacer frente a una objeción hablando en voz baja y pisoteándola verbalmente hasta que deja de moverse. Pero las objeciones son a veces tenaces y no pueden resolverse de esta manera.

Querer tener razón

Esto nos lleva de nuevo al ego. Querer tener la razón -de la forma que sea- es una mala idea a la hora de enfrentarse a objeciones en conversaciones con clientes y en el contacto interpersonal en general. Crea rápidamente la imagen de un sabelotodo, un sabelotodo que sermonea a los demás desde lo alto y cree que tiene la sabiduría de la cuchara. Y esa no es la imagen que quieres dar como vendedor.

Tomárselo como algo personal

Evita tomarte las objeciones de los clientes como algo personal. Como vendedores, es natural que nos apasionen nuestros productos, servicios e incluso nuestra empresa, pero es importante recordar que las objeciones de los clientes no son ataques personales. Esta tendencia puede ser incluso más fuerte en el caso de los proveedores de servicios que prestan los servicios que anuncian, pero tomarse las objeciones de los clientes como críticas puede conducir rápidamente a herir sentimientos y dañar las relaciones.

Y cuando nos sentimos atacados de esta manera, pasamos a la defensa o al contraataque. Ambos comportamientos no son útiles y llevan a que la conversación vaya en la dirección equivocada.

Respaldar a tu empresa, su producto o sus servicios es sin duda bueno e importante. Sin embargo, en caso de objeción, debes ser capaz de retirarte al punto de vista neutral de un observador. A partir de ahí, puedes dar los siguientes pasos correctos con menos emoción y más comprensión.

¿Te suena familiar alguno de los errores enumerados? ¿Es posible que también te haya ocurrido a ti una o varias veces? Me sorprendería que no, ya que estos comportamientos son humanos. Pero si te sorprendes a ti mismo haciéndolo, incluso después de haber cometido uno de estos pecados, no seas demasiado duro contigo mismo. ¿Por qué ibas a serlo? Vas un paso por delante. Estos errores son especialmente malos cuando los cometes sin darte cuenta. En cuanto te des cuenta -pero sólo entonces- podrás hacer algo al respecto y cambiar tu comportamiento. Alégrate y trabaja para cambiar tus reacciones ante las objeciones.

LAS OBJECIONES MÁS COMUNES

Lo interesante es que, si lo analizamos detenidamente, no hay tantas objeciones diferentes. Independientemente del sector en el que trabajes y de lo que vendas, probablemente no oirás más de cinco o diez objeciones de forma habitual, si acaso. Estas probablemente cubrirán más del 90 por ciento de todas las objeciones de los clientes contigo.

La buena noticia es que sabes qué objeciones pueden plantear o plantearán tus clientes. Si las conoces de antemano, puedes prepararte para ellas. Y eso es exactamente lo que debes hacer. Las objeciones no deben dejarse en manos de la inspiración creativa espontánea (que no suele materializarse en situaciones de estrés) y mucho menos del azar.

Bien preparado, casi nunca debería ocurrir que un cliente te sorprenda con una objeción. Diga lo que diga el cliente, sabes cómo afrontarlo y tienes preparada la respuesta adecuada.

Pero no eres el único que repite objeciones con regularidad. Incluso en distintos sectores, se pueden encontrar una serie de objeciones en (casi) todas partes de la misma forma, algunas incluso con el mismo fondo. ¿Cuáles son?

Están muy extendidas las objeciones a:

- **Precios**
  El claro número uno en muchísimas industrias.

- **Calidad**
  Esta objeción no siempre surge en el momento de la compra, sino en el contexto de una reclamación después de que el cliente ya haya utilizado o consumido el producto o servicio.

- **Disponibilidad/Plazos de entrega**

- **Imagen**
  La imagen y la reputación de que goza el vendedor, su producto o la empresa para la que trabaja pueden ser la base de las objeciones. Sin embargo, no suelen expresarse en voz alta.

- **Servicio**
  En los sectores en los que la venta marca el inicio de una relación a largo plazo con el cliente, como la maquinaria agrícola, los sistemas de calefacción, los ascensores, los servicios de retirada de nieve y los servicios de webmaster, las objeciones son habituales. Los clientes pueden plantear objeciones porque dependerán del vendedor o del departamento de servicios a largo plazo. A menudo, estas objeciones sólo salen a la luz tras la compra inicial y la experiencia con el producto o el equipo de servicio.

- **Piezas de recambio**
  La situación en este caso es muy similar a la del tema del servicio, sobre todo porque la disponibilidad de piezas de recambio también puede considerarse parte del servicio. Sin embargo, la disponibilidad de piezas

de recambio también puede ser un argumento importante para la compra o un motivo de objeción antes de realizarla.

- **Objeciones técnicas**
  Son objeciones relacionadas directamente con el producto o servicio. Existen muchas variantes. Estas objeciones pueden ser de tamaño, rendimiento, duración, eficacia, color, forma y muchas más. Cada sector e incluso cada oferta tiene sus propias variantes especiales.

Eso es todo, las objeciones de compra más comunes. De vez en cuando surge alguna variante exótica, pero sólo como verdadera excepción. ¿Qué otras objeciones básicas oyes con regularidad? No dudes en enviármelas por correo electrónico a service@romankmenta.com. Estaré encantado de incluirlas en una nueva edición de este libro.

Como te habrás dado cuenta, las objeciones pueden surgir antes, durante o después de la compra, en forma de quejas. A lo largo de este libro, me centraré en cómo tratar las objeciones que escuche durante una conversación de ventas, antes incluso de que tu cliente haya comprado. Sin embargo, también puedes aplicar muchas técnicas y estrategias a las situaciones de queja.

Tu tarea: Preparación

Lleva un registro de las objeciones que encuentras con frecuencia en tu práctica de ventas. No debería llevarte mucho tiempo: sólo cinco minutos o menos. Te sorprenderá si tienes más de cinco o diez objeciones. Esta lista te servirá de base para tus próximos pasos. Al final de este libro, no sólo tendrás una lista de las objeciones más comunes de los clientes, sino también estrategias para abordar eficazmente cada una de ellas. Esto aumentará en gran medida tus posibilidades de cerrar una venta.

TIPOS DE OBJECIONES

No todas las objeciones son iguales. No me refiero al contenido de la declaración del cliente. Me refiero más bien a la forma, es decir, al modo en que se expresa la objeción, o a los motivos ocultos que intervienen. Las siguientes distinciones son importantes porque su enfoque debe ajustarse a ellas.

Objeciones fuertes y débiles

Las objeciones pueden dividirse en fuertes y débiles. En la mayoría de los casos, ya se pueden distinguir y clasificar muy bien según la forma en que se plantean.

Algunos ejemplos de ello:

Objeciones débiles

- *"¿Habría algo posible allí en el precio?"*
- *"¿Y un poco antes no puedo tener el producto?"*
- *"Me gustaría un poco más en un rojo más brillante."*
- *"Preferiría que me lo entregaran."*

Las objeciones débiles podrían formularse de esta manera o algo similar. A menudo se presentan como preguntas o peticiones. El cliente tenderá a hablar normalmente en voz baja, se aclarará la garganta, hará pausas para hablar y tendrá dificultades para mantener el contacto visual. Parecerá menos seguro de sí mismo e incluso suplicante.

Por supuesto, también puede ocurrir que en un caso concreto se trate de una objeción fuerte que el cliente plantee con mucha vacilación y suavidad. Por lo tanto, también debe percibir estas objeciones en principio, pero no necesariamente tomarlas en serio.

Fuertes objeciones

- *"¡El precio es definitivamente demasiado alto!"*
- *"Necesito el producto ya el lunes".*
- *"El rojo no me sienta nada bien. Necesito la versión más clara".*
- *"No puedo ir a buscarlo. Tienen que entregármelo".*

Las objeciones fuertes suelen formularse de forma más segura, directa y exigente, como una afirmación o una orden en lugar de una pregunta. La voz del cliente también suele ser más alta y fuerte. Mantendrá más contacto visual. Se percibe emoción en su forma de hablar. Deja claro: esto es importante para mí.

A partir de ahí, ya te das cuenta de que se trata de una objeción que no puedes o no debes ignorar, sino que tienes que atender de una forma u otra.

Condiciones

La forma más extrema de una objeción firme es una condición. Las condiciones deben cumplirse. Son especialmente comunes en procesos de compra muy estandarizados, por ejemplo, en el contexto de las licitaciones. Normalmente, no hay nada que discutir o refutar sobre las condiciones (como con una objeción normal). A menudo, tu interlocutor -aunque quisiera- no puede anular estas condiciones.

No es necesario que profundicemos en las condiciones en el marco de este libro. Puedes aceptarlas o no. En este último caso, el cliente no te comprará o no podrás hacerle ninguna oferta. Tu decisión aquí reside principalmente en la selección del campo de juego en el que quieres operar y cuyas reglas quieres aceptar. Todo lo demás sería luchar contra molinos de viento.

Aparte de las condiciones oficiales, tal como las encontramos en las licitaciones o, más en general, en las grandes empresas, también están las que surgen debido a las circunstancias.

Por ejemplo, una determinada anchura máxima para un vehículo puede ser una condición, porque de lo contrario no puede pasar por la estrecha puerta de entrada al garaje. O el apartamento debe estar libre de barreras porque el inquilino potencial es usuario de silla de ruedas. Este tipo de condiciones no siempre están grabadas en piedra, pero -como objeciones- suelen ser extremadamente difíciles de superar.

Por lo tanto, es importante conocer estas condiciones en una fase muy temprana del proceso de venta. Si no puedes cumplirlas, te ahorrarás mucho esfuerzo y tiempo.

Objeciones y pretextos

La cuestión de si se trata de una objeción, de una verdadera objeción, es apasionante y muy relevante para el tratamiento de las objeciones. Detrás de muchas objeciones hay algo muy distinto. En tal caso, lo que se oye es un pretexto. Es algo que el cliente esgrime para ocultar la verdadera objeción.

¿Por qué lo hace? Puede tener diferentes motivos:

- **A tu cliente le da vergüenza expresar su verdadera objeción.**
  Este podría ser el caso de las objeciones sobre el precio, por ejemplo. En lugar de admitir que no puede permitirse algo o que no lo quiere, el cliente podría criticar el ajuste o el color. O puede que un decisor no pueda decidir por sí mismo en absoluto porque, por ejemplo, su mujer o su jefe deben estar de acuerdo. Pero para ti, siempre ha actuado como si pudiera tomar la decisión por sí mismo. En lugar de decir cuál es el problema, menciona otra objeción que le da el tiempo que necesita para votar sobre la decisión.

- **La verdadera objeción del cliente sería inmoral o incluso ilegal.**
  Ahora suena un poco extraño, pero hay sectores en los que las cosas ilegales ocurren sin duda o incluso están a la orden del día. Se pueden encontrar transacciones de dinero negro, por ejemplo, en la industria inmobiliaria, en la construcción o incluso en el comercio. No quiero señalarlas con el dedo. Más bien, mi objetivo es hacerte tomar conciencia de que una objeción aparente que se ha expresado también puede

ocultar otra no del todo limpia que tu cliente no puede o no quiere decir.

- **Tu cliente quiere mejorar o no empeorar su posición negociadora.**
  Para conseguir un mejor precio en una negociación, tu cliente puede introducir uno o incluso varios pretextos para presionar sobre el precio y mejorar su posición negociadora. Puede enumerar las desventajas de tu producto e incluso exagerar tanto que tú mismo empieces a dudar de tu oferta. Estas desventajas pueden ser objeciones reales o simples pretextos para conseguir un descuento mayor.

- **El cliente no quiere perjudicarte.**
  Esto también puede ser un motivo para presentar un pretexto. Supongamos que crees que un fotógrafo hace muy malas fotos. ¿Se lo dirías o preferirías utilizar un pretexto del tipo *"Mi jefe ya se ha decidido por otro fotógrafo. Por desgracia, no puedo hacer nada más"*.

Sin duda, hay algunas razones más por las que tu cliente puede no querer comunicarle su objeción. Lo más importante en este punto es ser consciente de que lo que dice el cliente puede no ser necesariamente la verdadera objeción. Mantente alerta.

Objeciones tácitas y silenciosas

Las objeciones tácitas no se mencionan o se sustituyen por un pretexto, como ya se ha comentado. Aunque las objeciones expresas pueden ser molestas o incluso frustrantes, siguen siendo cruciales para mejorar y aumentar tu tasa de cierre. Si las abordas de forma abierta y honesta, podrás obtener información valiosa y realizar cambios positivos en tu enfoque de ventas.

Descubrir las objeciones silenciosas

En consecuencia, la pregunta que se hacen muchos vendedores es: ¿Cómo puedo distinguir las objeciones de los pretextos o sacar a la luz una objeción tácita?

No sólo en relación con las objeciones, sino también en muchos otros momentos de la conversación de ventas, las preguntas inteligentes y psicológicamente eficaces son el medio que te hará llegar más lejos. Dentro de un momento te mostraré algunas de ellas, que son perfectas exactamente para este propósito. Al mismo tiempo -ya que el tema es tan fundamental- me gustaría remitirte también al libro "Well asked is half sold - Successful selling with psychological questioning techniques". No hay casi nada que sea tan importante dominar como vendedor como la técnica de interrogatorio adecuada.

¿Cómo puedes averiguar lo que el cliente ha querido ocultarte? Existen dos enfoques básicos. Por un lado, puedes hacer afirmaciones que faciliten al cliente exponer sus verdaderos motivos y pensamientos, o puedes preguntar específicamente sobre ello.

El método Columbo

¿Conoces al inspector Columbo? Es posible que los lectores algo más veteranos aún recuerden la serie policíaca con el estrafalario pero muy inteligente investigador. Pero incluso las generaciones más jóvenes pueden haber visto alguna de las reposiciones que se desentierran una y otra vez y se emiten por televisión.

Columbo tenía una forma muy especial de sonsacar los secretos de sus sospechosos. Siempre fingía ser muy inofensivo e inocuo, lo que solía descuidar a los sospechosos. Si salía por la puerta después de hablar con el posible autor, o incluso sólo con un testigo importante, a menudo volvía un segundo después. Volvía a asomar la cabeza por la puerta y hacía otra pregunta importante, del tipo: *"Se me acaba de ocurrir otra cosa..."*.

Como ya se había marchado, los sospechosos se habían relajado y eran más vulnerables a su nuevo "ataque" que minutos antes. Como resultado, pudo enterarse de cosas que antes le habían ocultado una y otra vez.

También puedes utilizar exactamente este método para descubrir objeciones tácitas o incluso deliberadamente ocultas. Pregunta de nuevo a lo Columbo, después de que la charla de ventas haya terminado oficialmente y de que el cliente se haya decidido a rechazar tu oferta:

- *"Lo que también me interesaría saber es cuál fue en última instancia la verdadera razón por la que decidió rechazar nuestra oferta"*.
  Al hacerlo, está dando a entender que no se lo ha dicho. De todas formas, ahora que todo ha terminado, las posibilidades de que el cliente te cuente sus objeciones ocultas son mucho mayores que antes. Sobre todo si no las mencionó antes para no empeorar su posición negociadora, este obstáculo ya no lo es.

Pero incluso si ya se ha tomado la decisión de comprar en contra de su oferta, aún tiene una (pequeña) oportunidad de volver a la conversación de la siguiente manera:

- *"Ah, ya veo, así que era eso. Si lo hubiera sabido. En ese caso, podríamos hacer que te diéramos .... ¿Qué te parece?"* - y vuelves a estar en medio de la conversación de ventas.

¿Funcionará siempre? No, claro que no. Pero probablemente todos los lectores hayan experimentado alguna vez un rechazo que, después de todo, se convirtió en aceptación.

Consultas sobre proyectos perdidos

Esto me lleva a la estrategia que sin duda recomendaría a todos los que trabajan en ventas intensivas en consultoría. Dedican una cantidad relativamente grande de esfuerzo y tiempo a las llamadas de ventas y -a menudo por escrito- a las ofertas. Un rechazo es especialmente doloroso después de tanto esfuerzo. En ese caso, al menos hay que intentar averiguar después qué objeciones ocultas hubo que impidieron la compra. Aunque esto no suele serte útil en un caso cerrado, proporciona información valiosa para tus futuros negocios con este u otros clientes.

Si tratas con un número mayor de proyectos o clientes de este tipo, también puedes recurrir a un procedimiento estandarizado y automatizado. Por ejemplo, envía un enlace a una encuesta por correo electrónico a tus no clientes, preguntándoles cuál o cuáles fueron las razones para no comprar. Puede proporcionarles varias razones típicas entre las que elegir o (además) preguntarles directamente.

Este enfoque tiene la ventaja de que puede hacer esta encuesta de forma anónima y debería hacerla en caso de un número mayor. En este caso, te preocupan más los motivos que las personas que toman las decisiones. Debido al anonimato, algunos clientes pueden sentirse impulsados a decir más de lo que dirían en una conversación contigo y a revelar sus objeciones ocultas.

Por muy útiles que puedan ser estos enfoques, normalmente sólo sirven para futuras conversaciones de venta. Pero, ¿qué puedes hacer para desenmascarar pretextos y descubrir objeciones ocultas durante la conversación en curso? Para ello te propongo algunas variantes.

Prueba social

Si mucha gente hace algo, entonces no puede estar del todo mal. Esta forma de pensar se denomina "prueba social" en psicología. Para sugerir al cliente que es bastante normal tener una determinada objeción, cita que muchas personas o clientes tienen esa objeción. Esto funciona especialmente bien si ya se tiene una idea de qué objeción sigue existiendo en secreto.

¿Cómo funciona? Por ejemplo, así:

- *"Muchos de mis clientes me dicen una y otra vez que piensan que no pueden permitirse el producto. Si tú también pensaras eso, sería totalmente comprensible a ese precio".*

Después, guarde silencio y mantenga el contacto visual. Tu cliente se sentirá incitado a responder por esta "pregunta silenciosa" y confirmará o contradecirá lo que has dicho.

- *"Una objeción habitual es que el producto es demasiado grande para este uso. ¿Qué te parece?"*
- *"Muchos clientes critican el largo plazo de entrega. ¿Tú también?"*

Este enfoque ya está mezclado con el siguiente, lo que demuestra que separar estas estrategias es casi imposible e innecesario. Mézclalas como más te convenga.

Metacomunicación

Metacomunicación significa salir del propio tema de conversación y pasar a un metanivel fuera de la conversación. Desde ahí, ahora se puede ver y hablar de la conversación (en lugar del contenido). ¿Confuso? Con algunos ejemplos lo entenderás enseguida.

Procede más o menos así:

- *"Estimada Sra. cliente de muestra. Llevamos un rato hablando del producto y usted no deja de plantear críticas y preguntas. Eso está bien en sí mismo, y por supuesto puede criticar y preguntar lo que quiera. Sin embargo, tengo la impresión de que hay algo más o algo más detrás. ¿Qué es? Siéntase libre de ser franco".*
  A continuación, vuelve a mantener el contacto visual y permanece en silencio.

Alternativamente, en lugar de hacer la pregunta abierta *"¿Qué es?"*, también puedes trabajar con una pregunta cerrada. Esto siempre tiene sentido si crees que sabes lo que hay detrás y quieres que te confirmen esta suposición. Si estás en lo cierto, a tu cliente a menudo le resultará más fácil responder a una pregunta cerrada que a una abierta:

- *"Tengo la sensación de que algo te sigue preocupando. ¿Tal vez le preocupa el precio?".*
- *"Me parece que hay algo más que le impide decidirse por este producto. ¿Es posible que quiera consultar con otra persona antes de tomar la decisión?".*

Ten en cuenta que, como ya se ha dicho, al cliente puede darle vergüenza admitir cuál es la objeción real, por ejemplo. Por lo tanto, formula la objeción de tal manera que el cliente pueda admitirla sin quedar mal. Utiliza frases suaves, usa subjuntivos y reformula convirtiendo las afirmaciones negativas en positivas. Convierte mejor "obtener la aprobación del jefe" en "coordinarse con el jefe". Más adelante te mostraré en qué consiste el reencuadre y lo versátil y eficaz que puedes utilizar esta técnica en la gestión de objeciones.

Por supuesto, la metacomunicación -independientemente de la variante- requiere un poco de valentía. No estamos acostumbrados a hablar así de nuestra comunicación con los clientes.

Formular preguntas hipotéticas

Otro método un poco más lleno de presión y orientado a la conclusión para llegar al fondo de las objeciones ocultas es trabajar con preguntas hipotéticas de conclusión. ¿Qué quiero decir con esto?

El cliente hace una afirmación crítica, que podría ser una objeción, pero también un pretexto. Por ejemplo, podría decir:

- Cliente: *"El plazo de entrega es demasiado largo para mí"*.

Aún no sabes si es real o un pretexto. Para saber cuál de los dos es, proceda como sigue:

- Vendedor: *"¿Hay algo más que le impida comprar el producto?"*.

Tu cliente tiene ahora dos opciones: O dice que sí, en cuyo caso era una objeción genuina. O dice que no, en cuyo caso era un pretexto. Es importante que conozcas ambas opciones.

Si el cliente responde que sí, pregúntale:

- Vendedor: *"¿Qué más hay que aclarar?"* - En el peor de los casos, tu cliente sacará a relucir defensas o excusas adicionales, que podrás revisar de la misma manera.

Si la respuesta del cliente es negativa, procede como se indica a continuación:

- Vendedor: *"Entiendo que el plazo de entrega es demasiado largo para usted. ¿Puedo preguntarle cuándo tendríamos que realizar la entrega para que le resulte conveniente?"*.

Cliente: "*Tendría que ser para el martes de la semana que viene".*
Vendedor: *"¿Quiere decir que si podemos hacerlo para el martes de la semana que viene, lo aceptará?".*

Como puedes ver, las cosas ya se están poniendo serias. Si a estas alturas tu cliente todavía tiene objeciones que no te ha mencionado, debe mencionarlas ahora como muy tarde. Le dejas poco margen para otras salidas. O te dice cuáles son las objeciones reales, o compra.

Utiliza este método tan eficaz con tacto. No presiones demasiado al cliente. Para reducir la presión, puedes utilizar frases vagas y suaves.

Invitar a la objeción

La última variante para suscitar objeciones tácitas de tu cliente no difiere en la forma de las anteriores. También consiste en conseguir que el cliente exprese sus preocupaciones mediante preguntas ingeniosas. Sin embargo, la diferencia entre esta variante y las anteriores radica en la intensidad. En lugar de limitarte a preguntar por las posibles objeciones "normalmente", las preguntas con fuerza. ¿Cuáles podrían ser?

- *"Después de que siempre hay objeciones y preocupaciones, ¿cuáles son las suyas?"*
- *"¿Qué más te impide aceptar nuestra propuesta?".*
- *"Lo que todavía tenemos que concluir son los puntos que todavía te molestan. ¿Cuáles son?"*

Estas peticiones al cliente para que formule sus objeciones suelen contener presuposiciones. Como interrogador, das por sentado que el cliente tiene objeciones. La única pregunta es: ¿Cuáles? La "prueba social", de la que hemos hablado antes, también se incluye como amplificador en una de las preguntas (en negrita). Esta última variante para localizar las objeciones del cliente es, por tanto, una forma mixta.

Con todas estas variantes para distinguir los pretextos de las objeciones y ponerse tras la pista de las verdaderas objeciones, no siempre tendrás éxito, pero tus resultados en las conversaciones de ventas en forma de cierres siempre mejorarán.

NO PLANTEAR OBJECIONES EN ABSOLUTO

Ya hemos hablado de que las objeciones, cuando se pronuncian, no son ni mucho menos tan malas como su imagen o como suelen parecer espontáneamente. Demuestran interés por parte del cliente. Los clientes totalmente desinteresados no plantean objeciones.

Y, sin embargo, para muchos vendedores, la situación ideal es, por supuesto, que el cliente no plantee ninguna objeción y que simplemente compre porque está muy convencido o incluso entusiasmado con la oferta. Eso ocurre. Depende mucho del producto o del servicio ofrecido. Cuanto más "perfecta" sea la oferta para el cliente, más probable y frecuente será que esto ocurra. Tiene mucho sentido poner mucha energía en lo que se ofrece. Sin embargo, cómo hacer que tu oferta sea tan convincente que tu cliente sólo pueda decir que sí no es el tema de este libro.

Se trata más bien de trabajar para vender tu oferta existente lo mejor posible. Incluso en esta posición de partida, hay una estrategia que puede utilizar para vender sin escuchar una objeción del cliente. ¿Cómo hacer que funcione? La idea básica es sencilla: no esperes a que tu cliente presente una objeción, preséntala tú mismo. Es lo que llamamos anticipación a las objeciones.

Ventajas, desventajas y requisitos

Plantear objeciones tácitas tiene sus ventajas, pero también puede tener sus inconvenientes. El escollo que hay que tener en cuenta es que, si planteas una objeción que el cliente no tenía en mente y que no se le habría ocurrido por sí solo, podrías sembrar un pensamiento indeseable en su cabeza.

Tu cliente podría tomarle el gusto a esta objeción y pensar: *"Ahora que lo dices, tiene algo de cierto. Es verdad".* Siempre debe tener presente este peligro potencial antes de trabajar con este método.

De ello se derivan dos importantes requisitos básicos que debes cumplir cuando utilices esta estrategia:

- Sólo menciona las objeciones que tu cliente ya tiene en mente y que podría expresar tarde o temprano, o las que aún se le ocurrirían si reflexionara más sobre la decisión de compra.

- Expón únicamente las objeciones para las que también puedas mostrar algún tipo de resolución. Sin embargo, esto también puede significar que la objeción no resuelva lo negativo en sí, sino que pueda ser superada con creces por los argumentos positivos.

Si no se puede cumplir una de las dos condiciones, debes prepararte para esta objeción lo mejor que puedas, pero guardártela para ti en caso de que el cliente la plantee.

Sin embargo, aparte del hecho de que podría estar despertando a perros dormidos, por así decirlo, al plantear objeciones a tu propia oferta, hay algunas ventajas para ti como vendedor si trabajas con anticipación a las objeciones y planteas una objeción o incluso varias en los momentos adecuados:

- **Tienes más control sobre él.**
  Cuando pongas la objeción sobre la mesa, puedes elegir el momento ideal para hacerlo. Puede o debe ser una parte planificada de tu conversación de ventas. Desde este punto de vista, el cliente no puede sorprenderte con su objeción (si no esperas demasiado con ella) y pillarte con el pie cambiado. De todos modos, no puede pillarle totalmente desprevenido, ya que usted se ha preparado bien para todas las objeciones posibles (o lo hará en el transcurso del libro).

- **Ya has preparado tu respuesta a la objeción.**
  Ya que hablamos de preparación: Si tú mismo planteas una objeción, te habrás preparado mucho mejor para manejarla de forma adecuada que si la plantea el cliente. Esto tiene que ver, como ya se ha dicho, con el mayor nivel de control que se tiene con esta estrategia.

- **El cliente se siente comprendido por ti.**
  Cuando dices en voz alta lo que ya está en la mente de tu cliente, se siente comprendido por ti. Y hacer que tu cliente se sienta comprendido es una de las cosas más importantes en una conversación de ventas. Esto es especialmente cierto cuando se trata de objeciones, ya que la confrontación y los contraargumentos son más esperados y suelen ser la norma en esta fase.

- **Tu cliente está más centrado.**
  Mientras tu cliente tenga una pregunta urgente o incluso una objeción que va surgiendo lentamente en su cabeza, estará más o menos preocupado. Está distraído y no se centra en lo que tienes que decirle. En psicología, estos "bucles abiertos" y cuestiones sin resolver que nos rondan por la cabeza se conocen como efecto Zeigarnik. Según éste, recordamos mucho mejor las tareas inacabadas que las completadas que hemos tachado mentalmente. Al nombrar y "manejar" la objeción, ayudas a tu cliente a tachar mentalmente el problema.

- **Es honesto y genera confianza.**
  Un vendedor que dice por iniciativa propia lo que puede considerarse malo o al menos crítico sobre su oferta, o dónde acechan posibles desventajas y escollos, da la impresión de ser honesto. Los clientes tienden a esperar lo contrario de los vendedores: que oculten las desventajas. Por tanto, con la estrategia de anticiparse a las objeciones, acumulará muchos puntos de confianza en su cuenta de relaciones con el cliente. Puedes hacerlos efectivos en el transcurso de la conversación. Otras declaraciones que hagas serán más creíbles gracias a este enfoque.

En resumen, yo diría que las ventajas de la anticipación a las objeciones superan claramente a los inconvenientes. Si se observan los dos requisitos básicos mencionados y se aborda el asunto con un poco de tacto, no cabe duda de que se puede utilizar esta estrategia con éxito en la práctica de las ventas. La siguiente pregunta que surge en este contexto es: ¿Cómo?

Anticipación de objeciones - Cómo proceder

Para anticiparse a las posibles objeciones y abordarlas, muchos vendedores utilizan una técnica conocida como FAQs (preguntas frecuentes). Este enfoque es una forma suave de preparar y responder a las objeciones más comunes que pueden tener los clientes antes incluso de que las planteen. Puedes encontrar preguntas frecuentes en muchos sitios web, páginas de ventas y páginas de aterrizaje, y sirven para abordar de forma proactiva cualquier objeción potencial. Al tener estas respuestas preparadas, puedes mejorar las posibilidades de cerrar una venta y dejar una impresión positiva en tus clientes.

Por supuesto, también puedes incorporarlas a los argumentos de venta con las siguientes frases:

- *"Me preguntan más a menudo si no se puede acortar el plazo de entrega".*
- *"Muchos de nuestros clientes quieren saber si pueden tener el producto en rojo".*

Puedes formular esta forma suave de anticipar una objeción de esta manera o algo similar, especialmente si no estás muy seguro de si tu cliente ya está pensando en ello. La anticipación de la objeción se produce ANTES de que el cliente la mencione, pero DESPUÉS de que hayas hecho la declaración -sobre el plazo de entrega, el color, el precio, etc.

También puedes ir un poco más allá y ser un poco más directo en tu enfoque "leyendo" la mente del cliente, sólo que en lugar de hacerlo en forma de pregunta, como en el método Columbo, lo haces en forma de afirmación. Sin embargo, si quieres darte un poco de margen, puedes levantar un poco la voz al final de la declaración y poner expresión interrogativa, dando a tu declaración el aire de una pregunta.

- *"**Quizá** pienses que el cierre de seguridad para niños de la cocina es innecesario para ti, ya que no tienes hijos".*
- *"**Seguro** que ahora mismo está pensando que esto es demasiado dinero para su área de actuación".*
- *"Es **muy probable** que ahora mismo se esté preguntando si realmente podemos hacer esto en tan poco tiempo".*

Es preferible que procedas de este modo cuando estés bastante seguro de que tu cliente está pensando exactamente en eso en ese momento. Puedes moderar la franqueza de tu afirmación suavizándola con palabras como "probablemente" o "tal vez" (o "suavizantes" similares), o subrayándola con "muy" o "ciertamente".

También puedes añadir una pregunta al final de la formulación, por ejemplo:

- *"¿Es así?"*
- *"¿Estoy en lo cierto?"*
- *"¿Tú también lo sabes?"*

Si tu afirmación no es cierta para el cliente y la objeción que le has formulado tampoco lo es para él, negará la pregunta y podrás seguir adelante en tu conversación. Si la contesta afirmativamente, entonces tienes la ventaja de obtener un respaldo del cliente (el sí a tu suposición). Esto sienta mucho mejor a ambas partes que una objeción planteada por el cliente. Entonces puedes manejar o resolver la objeción con tu respuesta preparada. La pregunta al final de la objeción del cliente que has formulado también tiene la ventaja de que conservas el control en la conversación porque:

"¡Quien pregunta, dirige!".

Pero ahí no acaba todo cuando se trata de anticiparse a una objeción. Puedes hacer que tu afirmación sea aún más contundente.

- *"Estimado señor cliente de prueba, probablemente me pida que me vaya ahora mismo cuando le diga que los precios son más altos de lo que esperaba".*
- *"Ahora tengo que decirle algo en cuanto a los plazos de entrega que no le va a gustar nada. ¿Se lo digo de todas formas?"*

A diferencia de las versiones anteriores, aquí colocas la anticipación de la objeción ANTES de la declaración. Estás anticipando una objeción que el cliente aún no puede tener, porque ni siquiera has mencionado el tema sobre el que podría tener una objeción. Sé que suena un poco complicado (por cierto, eso también es una anticipación de objeción por mi parte). Este enfoque también deja espacio para un toque de exageración teatral.

Por cierto, la última variante, en particular, también puede utilizarse muy bien en situaciones posteriores a la compra cuando se trata de dar malas noticias al cliente.

"Sí, pero..." - La versión buena

Tal vez recuerdes que, anteriormente en el libro, discutí el "Sí, pero..." y lo condené como un error. Sigo manteniéndolo... excepto cuando se aplica de la siguiente manera. Porque entonces es un medio muy eficaz de anticiparse a las objeciones.

"Pero" debilita lo que se dice antes de él y fortalece lo que le sigue. Es decir, si lo usas en la variante clásica de un "Sí, pero...", significa que lo que ha dicho el cliente no es cierto (aunque digas que sí) y más bien es cierto lo contrario (lo que sigue al pero). Hasta aquí, todo bien.

Pero, ¿y si lo utilizas de la siguiente manera?

- *"Este modelo cuesta dinero de verdad, y no sólo cuando lo compras, sino también cada vez que tienes que ir a la gasolinera... Y créame, pronto conocerá la gasolinera tan bien como conoce su casa. Es ruidosa, tus vecinos se quejarán... cada vez que salgas o vuelvas a casa. Y no puedes elegir nada al respecto, sólo puedes aceptarlo tal y como es.* ***Pero*** *la sensación cuando bajas por una carretera de curvas en un hermoso día de verano, luego das un giro rápido al acelerador en la recta y tienes que agarrarte fuerte para que no te tire del asiento... Esa sensación es absolutamente incomparable y vale cada céntimo".*

Esa sería una variante -hay que reconocerlo- algo más emocional y ligeramente exagerada (tal vez planteada por un vendedor de Harley-Davidson). Por supuesto, también puede ser más objetiva.

- *"Tengo que decirte sinceramente que este modelo es un poco más caro y ruidoso y bastante inflexible en cuanto a niveles de acabado,* ***pero*** *el comportamiento en carretera y la aceleración no se parecen a nada".*

Ya sea emocional o factual, esta variante del "Sí, pero..." es una forma masiva de anticiparse a las objeciones. No sólo anticipas una posible objeción, sino toda una serie de ellas, y lo haces directa y abiertamente. Esto suena honesto y sincero y hace que lo que diga después del "pero" parezca aún más positivo y creíble. Si una cosa es cierta, el cliente supone que la otra también lo es. Además, y esto es muy importante, los argumentos positivos llegan al final y, por lo tanto, dejan una impresión general positiva, como leerá en el ejemplo del párrafo siguiente.

De forma muy resumida, esta técnica fue utilizada en los años 80 por el champú anticaspa Crisan. El anuncio decía con mucha seguridad: "Crisan es carísimo, pero funciona". Compárese con lo contrario: "Crisan funciona, pero es carísimo". Si hasta ahora no estabas convencido de la importancia de la secuencia, ya deberías estarlo.

Técnica de etiquetado como alternativa a la anticipación de objeciones

Como pequeño complemento a la anticipación a la objeción, me gustaría darte otro método que también conduce a que el cliente no exprese su objeción o, mejor dicho, no pueda expresarla. Espera un momento; está a punto de aclararse un poco. Este método se llama técnica de etiquetado y funciona así.

Quieres que tu cliente se comporte de una determinada manera. Por ejemplo, quieres que tome una decisión rápidamente, que no regatee los descuentos o que te dé la lata con algún detalle técnico y quizá menor. Para conseguirlo, elogia a tu cliente por ese comportamiento ANTES de que lo muestre. Al hacerlo, le pone una etiqueta, por así decirlo (de ahí la técnica del etiquetado), y le atribuye ciertas características positivas.

Por ejemplo, si quieres que tu cliente pase por alto el color del producto, que puede no ser perfecto, y no ponga ninguna objeción al respecto, puedes utilizar la técnica del etiquetado de la siguiente manera:

- Vendedor: *"Ahora nos conocemos desde hace tiempo. ¿Sabe lo que me gusta de usted, Sr. Mustermann?".*
  Cliente: *"¿No?"*
  Vendedor: *"Es usted alguien que, basándose en sus muchos años de experiencia, sabe ver y juzgar muy bien las ventajas de una oferta, sin insistir constantemente en los posibles inconvenientes, como hacen muchos otros."*

Con los elogios has puesto a tu cliente en un pedestal. Y es difícil, si no imposible, defenderse de los elogios. En teoría, podría bajarse de su pedestal:

- Cliente: *"Pues me has entendido mal. Yo también soy de los que parlotean".*

En la mayoría de los casos, sin embargo, aceptará los elogios con agradecimiento. Entonces le resultará muy difícil poner objeciones a cualquier cosa menos importante, ya que esto empañaría al menos ligeramente la gran imagen que has dibujado de él.

También puedes utilizar este método con otros temas y así evitar específicamente que se planteen objeciones. Algunos ejemplos:

- *"Me encanta trabajar con gente que sabe lo que quiere y puede tomar una decisión rápidamente. No te creerías la cantidad de gente indecisa que hay por ahí".* (Para adelantarse a la objeción "todavía tengo que pensármelo").

- *"Afortunadamente, señor cliente de muestra, usted es una de esas personas que tienen paciencia para las cosas por las que realmente merece la pena esperar aunque sea un poco más. Esa es una de las cosas que aprecio de usted".* (Para que el cliente ya no pueda plantear su objeción a un plazo de entrega más largo).

¿Qué objeciones oyes con más frecuencia y cómo puede utilizarse la tecnología de etiquetado para resolverlas?

Llegados a este punto, una objeción por tu parte sería perfectamente comprensible y apropiada: "Un momento, antes has dicho que es bueno que se expresen las objeciones. Pero este método impide exactamente eso". - Es cierto, tienes toda la razón. La diferencia es que con la técnica del etiquetado no sólo estás encubriendo la objeción e impidiendo que el cliente la exprese, sino que también estás persuadiendo. Al elogiarte y ponerte en un pedestal, el cliente también empieza a verse un poco bajo la luz que a ti te gustaría verlo.

Además, la técnica del etiquetado es una estrategia que está a tu disposición. En qué casos la utilizas y en cuáles prefieres otra, esa sigue siendo tu decisión bastante importante.

Vacunar - Anticiparse a las objeciones de los demás

Pero no solo puedes anticiparte a las objeciones del cliente, sino también a las de los demás. ¿Qué significa esto?

Visualiza un escenario en el que tu cliente se compromete y ambas partes llegan a un acuerdo, ya sea para un solo punto o para toda la negociación. Hasta aquí, todo va sobre ruedas. Pero, ¿y si su interlocutor no es el único que tiene voz o incluso poder de decisión? ¿Y si su supervisor, su socio o incluso alguien de su red que ejerce una influencia significativa sobre él se opone a la elección de tu cliente? También es frecuente que los clientes se echen atrás en los acuerdos.

Por eso, en algunos ámbitos empresariales, tiene mucho sentido anticiparse a las objeciones de estos codecisores o coinfluenciadores.

- Vendedor: *"Señor comprador de muestras, me alegro mucho de que haya elegido este modelo. Pero, si me permite la franqueza, me pregunto qué dirá su mujer cuando llegue a casa con él".*

Con esta redacción, deja que sea el propio cliente quien articule las posibles objeciones de su mujer. Cliente: *"Me preguntará si estoy loco por gastarme tanto dinero en algo así".*
Vendedor: *"¿Y qué le vas a contestar?".*

Como vendedor, es esencial anticiparse a las objeciones a las que tu cliente puede enfrentarse. Si preparas a tu cliente con antelación, podrás reforzar su compromiso y reducir la probabilidad de que cambie de opinión. Este enfoque suele denominarse "inmunización", ya que protege al cliente frente a objeciones de terceros. De este modo, puedes contribuir a garantizar un proceso de venta fluido y satisfactorio.

Sin embargo, el vendedor puede plantear él mismo las objeciones habituales en lugar de pedírselas al cliente:

- Vendedor: *"Ya puedo oír a su jefe diciendo que podrías haberlo conseguido más barato en otro sitio. ¿Cómo le va a contestar?"*

- Vendedor: *"Probablemente su marido se quejará de que está tardando el doble de lo que le gustaría. ¿Cómo se lo va a argumentar?"*

También puedes vacunar a tu cliente contra sus propias objeciones futuras, protegiéndote de que se enfrenten a ti en el futuro:

- Vendedor: *"No sería el primero en llamarme al día siguiente para cancelar la compra. Seguro que es un gran producto, pero sigue siendo mucho dinero".* Cliente: *"En absoluto. Ya me he decidido y así va a seguir siendo".*

Vendedor: "*¿Está seguro?*" (Si quiere añadir una más).
Cliente: "*¡Completamente seguro!*"

Preparado de esta manera, este cliente no puede debilitarse ni por asomo después. E incluso si lo hace, ya no podrá admitirlo ante ti.

Un antiguo cliente y participante en un seminario, que entonces era director de ventas en el sector de la construcción, desarrolló su propia y descarada forma de inoculación.

- Vendedor: "*Le apuesto lo que quiera a que mañana por la mañana se retracta de la compra de la casa*".
  Cliente: "*Por supuesto que no*".
  Vendedor: "*Entonces apostemos por una botella de champán - de la buena. Si mañana no me dice nada, entonces ha ganado y se lleva el burbujeante. Si se echa atrás, entonces me debe una botella*".

Por supuesto, esto no pretende ser del todo serio, aunque las deudas de apuestas deben cumplirse, por supuesto. En el fondo, se trata de la anticipación de una posible objeción futura, exagerada y llevada al extremo con un guiño. ¿Por qué no? Sin duda, hay vendedores, clientes y situaciones en las que este enfoque también encaja muy bien.

EL PROCEDIMIENTO BÁSICO

Antes de explorar las distintas técnicas para tratar las objeciones de los clientes, profundicemos en la estrategia fundamental que las sustenta. Este enfoque no es adecuado ni eficaz en todas las situaciones, pero en muchos casos puede servir de base e incorporarse a otras técnicas. No es sólo una estrategia, sino una mentalidad.

Esta estrategia consta de cinco pasos que siempre serán muy parecidos para todas las objeciones posibles. Esto hace que este método sea muy fácil y práctico de utilizar en tu vida diaria de ventas.

Gestión de objeciones en 5 pasos

Paso 1 - Escuchar, comprender y mostrar comprensión

Como ya hemos dicho, una de las habilidades más importantes en la comunicación interpersonal es saber escuchar. Esto también es cierto cuando tu cliente plantea una objeción. Deja que termine, por completo, y escucha con atención. En comunicación, esto se llama "escucha activa" e incluye los siguientes elementos:

- Mantén el contacto visual.

- Asiente con la cabeza, no para decir que estás de acuerdo, sino para indicar que comprendes y escuchas.
- Di "Sí" o "Mmh" - también sólo para mostrar que has entendido.
- Repite o reformula lo que se ha dicho: "El tiempo de entrega es demasiado largo para ti, así que di".
- Haz preguntas de comprensión si es necesario (hablaremos de las preguntas de objeción dentro de un momento).

Para gestionar eficazmente las objeciones de los clientes, es fundamental empezar por comprender en profundidad lo que dicen. Los errores de comunicación se producen con demasiada frecuencia, por lo que es fundamental dedicar tiempo a comprender realmente la perspectiva del cliente. Demostrar al cliente que se comprende su objeción contribuye en gran medida a generar confianza y buena sintonía. Esto no significa que tengas que estar de acuerdo con ellos, pero mostrar empatía hacia su punto de vista demuestra que estás ahí para ayudarles a encontrar una solución. Es importante poseer no sólo una comprensión, sino también una conexión genuina y la capacidad de expresar esa comprensión al cliente.

Este es un primer paso importante y ya es una buena parte del alquiler.

Paso 2 - Agradecer y apreciar

Agradece al cliente y muéstrale aprecio (lo sé, a veces es difícil) por haber expresado su objeción en voz alta. Recuerda que ya hemos hablado de esto también.

- *"Le agradezco su franqueza en este punto. Lo aprecio mucho, que podamos hablar abiertamente de las cosas que le pasan por la cabeza respecto a la decisión."*

Paso 3 - Desafiar la objeción

A continuación viene una de las herramientas de comunicación más importantes: las preguntas. Las objeciones suelen ser muy vagas. Por ejemplo, puedes oír algo como:

- *"Ha pasado mucho tiempo."*
- *"No sé si me gusta."*
- *"Aunque el precio ya es alto".*

Todas estas son afirmaciones a las que les falta una cosa: concreción. Por lo tanto, debes concretar la objeción mediante las llamadas preguntas de concreción:

- *"¿Qué quieres decir exactamente con 'mucho tiempo', o más bien, cuánto tiempo es probable que tome?"*
- *"¿Qué es exactamente lo que te hace dudar de que te vaya a gustar?".*
- *"¿Qué entiendes exactamente por 'alto' en precio y cuál es el máximo que debería ser?".*

Haz preguntas hasta que a ti y al cliente les quede claro lo que quiere decir y ambos entendáis de la misma manera su afirmación. He experimentado una y otra vez que los clientes a menudo no saben exactamente lo que quieren expresar con sus objeciones. Por lo tanto, al hacer preguntas como vendedor, también estás haciendo un servicio al cliente. Trataremos el procedimiento de cuestionar la objeción con mucho más detalle un poco más adelante en el libro.

Paso 4 - Tratar y resolver la objeción

Sólo una vez que entiendas completamente la objeción, podrás empezar a trabajar en una solución, si es que es necesaria o incluso posible. En el enfoque estándar del tratamiento de las objeciones, lo ideal sería que la solución se encontrara aquí. Sin embargo, como verás en los métodos de gestión de objeciones que siguen, este cuarto paso a veces puede saltarse. Pero, ante todo, es crucial comprender claramente la objeción del cliente.

Sin embargo, también me gustaría señalar en este punto que este breve y discreto paso 4 también puede ocultar un largo y difícil proceso (de negociación).

Paso 5 - Comprobar el resultado

Si has conseguido encontrar una solución a la objeción, para un final limpio, se recomienda comprobar esta solución, por ejemplo, del siguiente modo:

- *"O sea que si lo entregamos en el verde más claro en vez de, el verde más oscuro, ¿te parece bien?".*

Es una pregunta, pero normalmente bajarás la voz al final para que parezca una afirmación. Al fin y al cabo, no quieres volver a cuestionar la solución (que tanto te ha costado conseguir); solo quieres que te la reafirmen.

- *"¿Te queda bien?"* - Esta opción también baja la voz.
- *"¿Con esto concluye este punto?".* - Y también aquí.

Con estos cinco pasos, puedes resolver el lienzo de un libro ilustrado de forma bastante limpia. Es útil conocer y tener interiorizado este procedimiento, ya que es la base. Sin embargo -como probablemente sepas por tu propia práctica- de ninguna manera todas las objeciones de libros ilustrados pueden resolverse con el proceso estándar. Por ello, en breve te presentaré toda una serie de variantes y enfoques bastante diferentes.

Instrumento nº 1 Preguntas

La herramienta de comunicación más importante en los fundamentos de la gestión de objeciones son las preguntas. Las preguntas pueden utilizarse con tanta eficacia en diversos escenarios de comunicación que dominar las técnicas de interrogatorio es una necesidad absoluta para cualquier comunicador profesional, incluidos los vendedores.

UNA PEQUEÑA PETICIÓN

Enhorabuena por haber explorado una serie de técnicas para tratar las objeciones de los clientes. Espero que ya hayas puesto en práctica una o dos de estas estrategias y hayas logrado un gran éxito. Recuerda, aunque sólo pongas en práctica con éxito una estrategia de este libro, ya habrás ganado más de lo que has invertido. Eso es lo bueno de un libro de ventas bien escrito: ¡se amortiza en muy poco tiempo!

Como autor, para mí es fundamental comprender cómo se relacionan mis lectores con el libro. Me esfuerzo por mejorar constantemente mis escritos basándome en los comentarios de los lectores, para que mis libros sean más informativos y prácticos. Si tienes alguna otra idea o comentario sobre tu propia experiencia, ¡me encantaría que me lo dijeras! Envíame un correo electrónico a service@romankmenta.com.

Además, tu apoyo significaría mucho para mí si dejaras una reseña en Amazon o en la plataforma donde hayas comprado el libro. Si te sientes seguro de tu valoración del libro después de leerlo, no dudes en dejar una reseña ahora. Si prefieres terminar de leer el libro antes de escribir una reseña, también puedes hacerlo. En cualquier caso, ¡gracias por tu apoyo!

¿Por qué escribo esta petición ahora y no al final del libro? La experiencia demuestra que algo así se pasa por alto fácilmente al final. Y ahora: Ten curiosidad por lo que viene a continuación.

MÉTODOS DE GESTIÓN DE LAS OBJECIONES

En la sección anterior, hemos tratado los fundamentos de la gestión de las objeciones de los clientes. Aunque este enfoque suele ser eficaz, no siempre es el más adecuado para cada situación u objeción.

No te preocupes. En la extensa sección siguiente, encontrarás una variedad de estrategias probadas para manejar las objeciones en cualquier situación. Algunas de estas estrategias pueden ser muy diferentes, mientras que otras pueden combinarse con el enfoque básico o incluso con otras estrategias.

Trabajando con estas estrategias, pronto encontrarás las que son perfectas para tu sector, tus productos, tu rendimiento y, lo que es más importante, tus clientes y las objeciones a las que te sueles enfrentar. Con una serie de enfoques a tu disposición, estarás preparado para hacer frente a cualquier objeción que se te presente.

Ha llegado el momento de descubrir las mejores estrategias para gestionar eficazmente las objeciones de los clientes. A medida que vayas leyendo el libro, identifica qué métodos encajan con tu enfoque de ventas y adáptalos a tus necesidades específicas. Ya se trate de una combinación de varias estrategias o de un enfoque único que funcione mejor para ti, la clave está en dominar estas técnicas a través de la práctica. Con la repetición, podrás aplicar sin esfuerzo la estrategia adecuada en cualquier situación de venta sin tener que pensar conscientemente en ello. El objetivo final es llegar a un punto en el que estas estrategias se conviertan en algo natural para ti.

Los siguientes métodos para hacer frente a las objeciones no suelen ser métodos individuales, sino conjuntos completos de estrategias, cada una de las cuales se basa en la misma idea básica. Para este libro, he resumido los posibles enfoques de las objeciones en cinco de esas ideas básicas:

- Idea básica 1: No oponer resistencia
- Idea básica 2: Crear claridad
- Idea básica 3: Contraatacar
- Idea básica 4: Invertir los papeles
- Idea básica 5: Argumentar y sopesar

La estrategia que elijas o utilices en cada caso dependerá de la situación, de la objeción y de cómo se haya presentado.

Idea básica 1: Sin resistencia

Como ya se ha dicho, la respuesta típica a las objeciones es la resistencia, a menudo en forma de contraargumentos. Sin embargo, el planteamiento de la "no resistencia" adopta un enfoque diferente, inspirado en las filosofías del Lejano Oriente, donde la idea es que al no ofrecer resistencia, las objeciones de tu cliente no tendrán ningún impacto.

Seguir esta idea básica tiene especialmente mucho sentido cuando ...

- Confías en que el cliente compre, aunque la objeción siga sin abordarse en la sala,
  - porque las ventajas para el cliente son mayores que
  - porque no tiene otras opciones.
- La objeción por parte del cliente se plantea de forma muy débil y con poco énfasis.
- No puedes resolver la objeción aunque realmente quieras.
- Puedes permitirte no conseguir el pedido.

¿Cuáles son las variantes si no quieres resistir?

Ignorar la objeción

Puedes simplemente ignorar la objeción. Esto significa que la oyes (de lo que el cliente es consciente), pero no reaccionas ante ella en absoluto, sino que simplemente sigues hablando. Es cierto que este enfoque también puede tener consecuencias muy negativas. Puedes parecer arrogante. El cliente, molesto por tu ignorancia, podría reforzar su objeción o incluso aportar más, en la línea de *"Bueno, espera un momento, te lo demostraré. Ahora más que nunca"*.

Por lo tanto, este enfoque sólo es adecuado si tienes una posición muy fuerte o si la objeción se ha expresado de forma muy débil y casual. Pero cuidado: siempre se corre el riesgo de perturbar gravemente o dañar el nivel de relación con el cliente.

Oír la objeción

Pasar por alto la objeción no es lo mismo que ignorarla. La diferencia significativa es que, en este caso, tu cliente tiene la impresión de que no te has fijado en él. Una diferencia pequeña, pero significativa.

Ahora tiene dos opciones:

- Repite su objeción, esta vez probablemente un poco más alto y más claro, para que no puedas volver a oírle,
- o bien piensa para sí: "De todas formas, no era tan importante", renuncia a la repetición y continúa con la conversación.

En el primer caso, debes decidir cómo proceder. En el segundo caso, puede tachar la objeción (al menos de momento). Si tu cliente ya no se toma tan en serio su objeción como para repetirla, ¿por qué debería tener importancia para ti?

Cambiar el tema

En lugar de limitarse a ignorar o pasar por alto la objeción, también puedes -como una extensión de estas dos variantes, por así decirlo- cambiar de tema. Es decir, asociar el cambio de tema a ignorar o pasar por alto. Al hacerlo, tienes varias opciones. Lo que todas tienen en común es que el tema al que cambias es uno que tiene una connotación positiva (o al menos neutra) en la mente del cliente y al que no tiene objeciones.

En comparación con ignorar o pasar por alto, esto tiene la ventaja de que la comunicación continúa y haces que el cliente piense en algo "más agradable". Esto se consigue haciéndole una pregunta sobre el nuevo tema. ¿Cómo es esto concretamente? Algunos ejemplos:

Cambiar de tema después de ignorar

Ignorar las objeciones puede ser una herramienta poderosa. Para suavizar el golpe de ignorar, pruebe a cambiar de tema inmediatamente reconociendo brevemente la objeción del cliente y luego cambiando suavemente con la palabra "Y". Ten cuidado, sin embargo, ya que el uso de "Sí, pero..." podría socavar la eficacia de esta técnica. Por eso la palabra "Y" es tan crucial en este escenario.

- Cliente: *"No estoy seguro de que me guste el color".* Vendedor: *"Ya veo. ¿**Y** qué le parece el acabado?".*

La versión "mala" aquí sería: *"Ya veo. **Pero**, ¿qué le parece el diseño de la superficie?".* Juzgue usted mismo cómo le afecta a usted esta variante en lugar de al cliente. El "y" expresa cierto aprecio por la objeción del cliente del que carece por completo el "pero". Desvaloriza a este último.

- Cliente: *"El plazo de entrega ya es bastante largo".* Vendedor: *"Comprendo, el plazo de entrega es un poco largo para usted. **Dígame, ¿puedo preguntarle algo?***
  Cliente: *"Sí".*

Vendedor: *"¿Ha pensado dónde colocará el conjunto en su salón? ¿Dónde quedaría especialmente bien?"*.

Al incluir un breve permiso para preguntar (en negrita), ha obtenido un sí del cliente, lo que contribuye positivamente al curso de la conversación.

Como puedes ver, cuando se combina con un cambio de tema, ignorar ya no parece tan ignorante.

Cambio de tema tras escuchar

Después de oír por casualidad, no puedes utilizar la comprensión como recurso estilístico comunicativo, ya que oficialmente no has oído la objeción en absoluto. Aun así, puedes pasar a otro tema, con un corte claro, completamente sin transiciones.

- Cliente: *"¿Cuánto pesa el aparato? ¿Cinco kilos? Pffft, eso no es precisamente ligero"*.
  Vendedor (pensativo): *"Dime, lo que me ha estado preocupando todo este tiempo, por la cantidad que estás procesando con él, ¿no sería el un poco más potente una opción para ti?"*.

- Cliente: *"No es exactamente bajo, lo que se supone que cuesta la piscina"*.
  Vendedor (pensativo): *"¿De verdad hay ya una fecha fijada para la primera fiesta en la piscina, en la que quieres inaugurarla con tus amigos?"*.

Es importante que el cliente crea que realmente has escuchado la objeción. Por lo tanto, esta variante sólo se puede utilizar si la objeción fue realmente escuchada.

De acuerdo con el cliente

La siguiente variante aborda la objeción del cliente de forma más abierta y ofensiva. La estrategia no consiste en ignorar o pasar por alto, sino en dar un consentimiento claro y directo. Este acuerdo puede basarse en dos razones o pensamientos:

- Lo que el cliente critica es en realidad una desventaja.
- Lo que el cliente critica parece una desventaja, pero en realidad es algo que también puede considerarse una ventaja y de lo que -al menos tú- estás orgulloso.

Si una objeción supone una desventaja real, puedes deshacerte de ella o, si no es posible o resulta demasiado costoso, simplemente aceptarla. ¿Qué otra cosa puedes hacer con ella? Devolver la pelota al cliente. Ahora debe decidir si acepta su oferta, a pesar de la desventaja. Con este planteamiento, el vendedor gana fuerza y poder en la conversación, independientemente de la decisión final del cliente. No te disculpas por la desventaja, no intentas suavizarla, sino que la reconoces. Y punto.

- Cliente: *"Pero el coche ya es bastante ancho".*
  Vendedor: *"Así es. 202 centímetros, para ser exactos".*
- Cliente: *"Pero el rojo ya es muy fuerte".*
  Vendedor: *"Así es, estoy de acuerdo".*

Uno de mis clientes se esfuerza aún menos y responde "exactamente" de forma automática en estos casos. No se deja intimidar por una objeción de este tipo y simplemente sigue hablando.

Sin embargo, algunas objeciones también se prestan muy bien a la segunda variante. En este caso, como ya se ha dicho, sacas algo bueno del punto de crítica, una ventaja. El cliente debería aceptar tu oferta no a pesar de este punto, sino gracias a él. La objeción se convierte así en un argumento de compra. Trataremos en detalle el método psicológico subyacente a este procedimiento, el reencuadre.

Este enfoque podría utilizarse, por ejemplo, para las siguientes objeciones:

- Algo es muy caro. - Un precio elevado suele significar alta calidad y aporta prestigio al comprador.
- Algo supera la norma habitual (tamaño, peso, duración) y, por tanto, posiblemente despierta cierto "orgullo de propiedad" en el cliente. Esto puede funcionar incluso para servicios que el cliente no "posee", sino que sólo utiliza.
  - El televisor más grande
  - El viaje de vacaciones más largo
  - La oficina más alta
  - La mesa de comedor más pesada
  - El color más fuerte
  - El asesor más caro

¿Y cómo podrías expresarlo lingüísticamente? Exagera un poco. He aquí algunos ejemplos:

- Cliente: *"Pero eso es mucho dinero para un apartamento".*
  Vendedor: *"Absolutamente cierto. De hecho, es el apartamento más caro que he vendido nunca y -según mis investigaciones- el más caro del mercado en esta zona."*

- Cliente: *"Pero esa cosa (el televisor) ya es muy grande".*
  Vendedor: *"No solo es muy grande, sino que actualmente es con diferencia el más grande que tenemos en la tienda, y le costará encontrar uno más grande en cualquier otro sitio."*

Por supuesto, podrías añadir un *"Querías un apartamento realmente único"* o un *"Justo para tu cine en casa"*. Pero, al menos en mi opinión, le quitarías fuerza e impacto a tu declaración. Podría tomarse como una justificación del tamaño. Es mejor dejar que tu afirmación se sostenga en el espacio sin más explicaciones y tenga un impacto en el cliente. Algo tan grande habla por sí solo y no necesita más argumentos.

Elogiar al cliente

Esta variante se basa en la anterior, el acuerdo, y va un pequeño paso más allá. No solo estás de acuerdo con la objeción de tu cliente, sino que (las partes en negrita de los ejemplos) incluso le elogias por haber acertado.

- Cliente: *"Es mucho dinero para un crucero".*
  Vendedor: *"Así es,* ***has acertado de pleno****. Es el crucero más lujoso (una útil reinterpretación de la palabra "caro") que puedes conseguir por tu dinero."*

- Cliente*: "Pero la mesa del comedor es mucho más pesada que otras. No puedo moverla yo solo".*
  Vendedor: *"Exacto. Se nota que ya has tratado con muebles y sus características de calidad".*

Si utilizas esta estrategia, asegúrate de que sea un elogio sincero. De lo contrario, el cliente no se sentirá tomado en serio o tomado a guasa, y tú recibirás un tiro en la rodilla... en la tuya propia, eso sí.

Idea básica 2: Crear claridad

Esta idea básica trata de los métodos que te ayudan a crear más claridad. Esto ya se ha tratado en el paso 3 de la variante básica. Sin embargo, como verás, esta idea encierra muchas más posibilidades de las que se tratan en la variante básica.

Las objeciones se formulan muy a menudo, incluso diría que en la mayoría de los casos, de forma relativamente poco clara, como ya hemos establecido en la estrategia básica para hacer frente a las objeciones. El cliente expresa un pensamiento, a veces sólo una emoción, sin haber pensado en una formulación clara. A veces se trata también de una pregunta que formula y dice en voz alta, quizá incluso sin esperar una respuesta del vendedor:

- *"No sé si me gusta el color."*
- *"Eso es mucho, sin embargo."*

- *"Bastante pesado, ese pedazo de equipo."*
- *"¿Tanto va a tardar?"*

Al hacerlo, da una orientación, pero ni usted como vendedor ni él mismo saben qué es exactamente lo que quiere decir. Por lo tanto, esta sección trata de algunas variantes de la gestión de objeciones, todas ellas basadas en la idea básica de "crear claridad". Estas estrategias en concreto también pueden servir de base para otras estrategias que pueden utilizarse o son necesarias en cuanto se tenga más claridad.

Hacer preguntas

Lo que probablemente no te sorprenderá es que las preguntas son la herramienta más importante para crear más claridad. Especialmente las llamadas preguntas de concreción son en muchos casos el medio elegido para averiguar y comprender mejor lo que el cliente quiere decir realmente con su objeción. Las preguntas de concreción siempre se formulan en términos de "¿Quién exactamente? ¿Cómo exactamente? ¿Qué quiere decir exactamente?

- *"¿Quién toma exactamente la decisión?"*
- *"¿Cómo quiere proceder exactamente?"*
- *"¿Qué quiere decir exactamente con eso?"*
- *"¿Qué quiere decir exactamente con eso?"*. (Esta pregunta y la anterior son de aplicación universal siempre que una objeción no esté clara).
- *"¿Para cuándo necesita exactamente la entrega?"*.

- *"¿Qué le falta exactamente?"*
- *"¿Cuál es exactamente su presupuesto?"*

Si tomamos como ejemplo las objeciones anteriores, las preguntas adecuadas serían las siguientes:

- *"No sé si me gusta el color".*
    - *"¿Qué colores te gustan?"*
    - *"¿Y cómo puedes averiguarlo?"*
- *"Aunque eso es mucho".*
    - *"¿Qué quiere decir exactamente con 'mucho'?"*
    - *"¿Mucho o demasiado?"*
        - *"¿Cuánto es demasiado?"* - Si "demasiado" fuera la respuesta.
- *"Bastante pesada, esa pieza de equipo".*
    - *"¿Cuánto puede pesar?"*
    - *"¿Pesado o demasiado pesado?"*
- *"¿Tanto va a tardar?"*
    - *"¿Qué quiere decir exactamente con 'tanto tiempo'?".*
    - *"¿Cuál es el tiempo máximo que puede tardar?".*

Preguntar los motivos

Si preguntas de este modo, crearás más claridad, pero básicamente te quedarás en la superficie. Puede ser emocionante si profundizas e investigas los motivos reales de las objeciones de tus clientes. Hay tesoros ocultos que merece la pena buscar. Es la pregunta del "por qué" del cliente, que puedes plantear de varias maneras.

La pregunta directa del porqué

Si preguntas a alguien por qué hace o piensa algo, existe el riesgo de que la persona a la que preguntas se sienta presionada. Puede sentirse obligada a justificarse, y es comprensible que no quiera hacerlo. También es posible que le pille desprevenido con su "por qué" porque nunca se ha planteado la respuesta. Por estas y otras razones, tu cliente puede reaccionar (ligeramente) enfadado a tu pregunta del por qué.

Esto no significa que no puedas preguntárselo. Sólo tienes que asegurarte de que se lo preguntas con estilo. Un simple "¿Por qué?" sin adornos ni accesorios útiles probablemente no cumpliría este requisito.

- Cliente: *"Pero su taller está bastante lejos"*. (Algo que es un factor importante en el sector de la maquinaria agrícola, por ejemplo).
  Vendedor: *"¿Por qué?"*
  Cliente: *"Pues oiga, 30 kilómetros es mucha distancia para un tractor"*.
  Vendedor: *"Sí, pero de todas formas no los conduces tan a menudo"*.

Cliente: *"Con bastante frecuencia. Demasiado a menudo, en cualquier caso".*
Vendedor: *"Bueno, los pocos kilómetros de más probablemente no le importen".*

Un buen ejemplo de cómo la pregunta por qué no funciona. ¿Excesivo? No lo creo. Ejemplos como éste y similares pueden verse todos los días en las ventas. Dónde acaba esto o dónde no acaba, ya lo sabemos. Es de suponer que luego el vendedor informa a su jefe de que el taller está demasiado lejos para el cliente. Y eso es algo de lo que el supervisor no puede culpar a su vendedor.

También podría ir de otra manera:

- Cliente: *"Pero su taller está bastante lejos".*
  Vendedor: *"¿Qué quiere decir con 'bastante lejos'?".*
  Cliente: *"Bueno, 30 kilómetros es mucha distancia, creo".*
  Vendedor: *"¿Y qué no sería lejos para usted?".*
  Cliente: *"Cualquier cosa hasta 20 kilómetros, diría yo, está bien".*
  Vendedor: *"Cuanto más cerca mejor, lo entiendo. Pero,* ***¿puedo preguntarle por qué le parece tan importante?".***
  Cliente: *"Con mi antiguo tractor, tenía que ir al taller cada dos semanas, así que la distancia se acumulaba bien".*
  Vendedor: *"Puedo entenderlo. ¿Eso significa que si sólo tiene que llevar nuestro tractor al taller dos veces al año, entonces la distancia no importa?"*
  Cliente: *"No, entonces no".*

Vendedor: *"Eso significa que lo que realmente te preocupa no es tanto la distancia al taller, sino tener un vehículo fiable que circule en lugar de estar parado en el taller."*
Cliente: *"Sí, ciertamente podría verlo así"*.

En este caso, ¿el cliente ya ha comprado? No, aún puede ocurrir cualquier cosa e impedir la compra. Pero las posibilidades son elevadas. Lo que el vendedor ha añadido en apoyo en el segundo caso es un permiso para preguntar:

- *"... ¿Puedo preguntar ..."*

Este enfoque le quita hierro al porqué. Si quieres que tu cliente acoja tu por qué con más entusiasmo, dale también una razón (en negrita) a lo largo del camino:

- *"Cuanto más cerca mejor, eso está claro para mí en principio. Sin embargo, tengo la impresión de que este punto es especialmente importante para usted.* ***Para que pueda entender realmente tus motivos aquí****, ¿puedo preguntarte a qué se debe?"*.

Es poco probable que un cliente se niegue a responder a una pregunta formulada con tanta comprensión y prudencia, si es que lo sabe. Y si ese siguiera siendo el caso, entonces tu problema con este cliente radica en otro lugar completamente distinto, probablemente en el plano de la relación.

Pedir objetivos

Incluso cuando se formula con cuidado, la pregunta de por qué tiende a dirigirse al statu quo o al pasado. Puedes llevar tu búsqueda de claridad en una dirección completamente distinta introduciendo un pequeño cambio. ¿Y si, en lugar de buscar una explicación para el comportamiento o la opinión del cliente, quisieras averiguar hacia dónde se dirige o cuáles son sus objetivos?

Volvamos al ejemplo de la maquinaria agrícola:

- Cliente: *"Pero su taller está bastante lejos"*.
  Vendedor: *"¿Qué quiere decir con 'a bastante distancia'?"*.
  Cliente: *"Bueno, 30 kilómetros es mucha distancia, creo"*.
  Vendedor: *"¿Y qué no sería lejos para usted?"*.
  Cliente: *"Cualquier cosa hasta 20 kilómetros, diría yo, está bien"*.
  Vendedor: *"Cuanto más cerca mejor, me doy cuenta. Dígame, ¿puedo hacerle una pregunta completamente distinta que no tiene nada que ver con la distancia del taller?"*.
  Cliente: *"Pregunte"*.
  Vendedor: *"¿Qué planes tiene para su explotación agrícola?"*.
  Cliente: *"Ya tengo 60 años y quiero ir traspasando poco a poco el negocio por completo a mi hijo menor"*.
  Vendedor: *"¿Y ahí todo debe seguir igual?"*.
  Cliente: *"No, él tiene planes. Siempre dice que tenemos que crecer para seguir siendo competitivos. Quiere arrendar un terreno para hacerlo. Hay un terreno justo por aquí"*.

Vendedor: *"¿Eso significa que nuestro taller estaría en su zona de operaciones en el futuro?"*.

Para hacer frente a las objeciones, sobre todo a las que se refieren a la distancia, pueden resultar útiles las técnicas de interrogatorio. Pregunta a tu cliente por sus objetivos, esto puede ayudar a debilitar la objeción, o incluso a resolverla. Sin embargo, puede darse el caso de que el cliente no tenga objetivos claros o que no encuentres nada útil. No obstante, merece la pena explorar los objetivos del cliente, ya que puede dar resultados positivos.

Si lo hace al principio (como parte de la evaluación de las necesidades) y no después de que se haya expresado la objeción, puede obtener un buen material para gestionar las objeciones:

- Vendedor: *"Usted mencionó al principio que su negocio se está ampliando y que está pensando en alquilar un espacio aquí a la vuelta de la esquina con nosotros. Entonces estaríamos perfectamente situados, por así decirlo"*.
  Cliente: *"Sí, ese sería el caso"*.

Ya no es necesario objetar, porque no hay objeción. Más bien al contrario. La posible objeción se ha convertido en un argumento a favor de comprar a este proveedor.

Por lo tanto, ocúpate de los objetivos del cliente. Si lo que encuentras no es lo que necesitas para tratar la objeción, esta información será sin duda muy útil en otra parte. Y un exceso de conocimientos sobre el cliente nunca ha perjudicado a ningún vendedor.

Repetir

Pero no es necesario formular una pregunta para aclarar una objeción. A menudo basta con repetir la objeción del cliente, como se hace en la escucha activa.

- Cliente: *"Pero eso es muy elaborado".*
  Vendedor: *"Ya veo, te parece muy elaborado".*

A continuación, mantenga el contacto visual y espere a que el cliente diga algo. Normalmente, empezará a explicar lo que quiere decir. A menudo, sin embargo, no sólo dará una explicación neutra al respecto, sino más bien algún tipo de justificación (en negrita) de su objeción o de haberla expresado en primer lugar.

- Cliente: *"Sí, **sólo** quería decir que no tengo experiencia con este producto y que creo que podría llevar más tiempo. Pero probablemente le cojas el truco después de unas cuantas veces y luego sea más fácil".*

En este ejemplo, el cliente incluso debilita él mismo su objeción, retrocede parcialmente e incluso aporta argumentos que invalidan su objeción. Visto así, este planteamiento también encaja en la sección "Contraataque", de la que hablaremos en detalle más adelante.

La comparación competitiva

Una preocupación común entre los clientes es que la oferta de un competidor pueda ser mejor o más barata. Se trata de un problema frecuente en numerosos sectores, en los que los clientes se enfrentan a una plétora de opciones y quieren tomar una decisión con conocimiento de causa. Por ello, no es de extrañar que sea habitual comparar precios.

Ante las objeciones, es habitual que los clientes comparen su oferta con la de la competencia. Esto puede verse en casi todos los sectores, en los que los clientes tienen múltiples opciones entre las que elegir. Para tomar la mejor decisión para ellos, comparan diferentes factores como el tamaño, el peso, la potencia, la duración y otros. Sin embargo, a veces estas comparaciones se basan en gustos y preferencias individuales, ya que un cliente puede decir simplemente "me gusta más el modelo de su competidor". En estos casos, es importante profundizar y crear claridad en torno a los criterios de comparación.

Incluso con criterios como los precios, a veces no está nada claro a qué se refiere el cliente cuando dice que la oferta del competidor es más barata (más sobre esto en breve). En el caso de productos o servicios complejos, que también pueden financiarse con préstamos o leasing, a menudo ni siquiera está claro cuál es el precio.

Si tu cliente utiliza otras ofertas para comparar, normalmente tienes que tomar medidas. Tienes que evitar que las manzanas se comparen con las peras o, en algunos casos, con el chucrut.

Si ahora quieres saber más sobre la comparación del cliente, puede ser útil centrarse primero en los criterios o su enfoque en los que se basa para comparar. Por lo tanto, pregunta, por ejemplo

- *"¿Cuáles son los criterios que utiliza para comparar nuestra oferta?"*.

- *"Cuando comparan, ¿cómo lo hacen exactamente?".*
- *"Para poder comparar dos ofertas de este tipo, se necesitan buenos conocimientos y un determinado procedimiento. Me parece que a veces no es fácil con ofertas tan complejas. Por eso -para que lo entienda mejor- mi pregunta: ¿cómo se hace exactamente?".*

De este modo, el cliente recibe un pequeño elogio al dar a entender que tiene conocimientos técnicos y una buena estrategia para comparar.

Es muy posible que tu cliente no tenga criterios claros de comparación y se fíe únicamente de su instinto. En ese caso, puedes ayudarle a determinar sus criterios de comparación haciéndole las siguientes preguntas.

- *"Los posibles criterios para comparar estas ofertas serían A, B, C .... ¿cuál utiliza para su comparación?".* (Al sugerir criterios de comparación, facilitas que el cliente encuentre el suyo).
- *"¿Cuál cree que sería un buen criterio para realizar dicha comparación?".*

Al buscar y seleccionar los criterios, se influye naturalmente en el resultado. Por un lado, debes asegurarte de que se utilizan todos los criterios especialmente relevantes. Por otro lado, la mayoría de los criterios deben ser aquellos en los que tengas mejores resultados que la oferta comparada. Si aún así son demasiado pocos, introduce criterios en los que sí lo sean. Aunque no sean tan relevantes desde un punto de vista objetivo, inclinará la comparación a tu favor.

Una vez que tengas más claros los criterios de comparación y la estrategia (si la hay), puedes dirigirte al competidor y preguntarle:

- *"Cuando dice competidor, ¿a quién se refiere?"*. - A veces el nombre del competidor ya te dice si es otro tipo de manzana, una pera o chucrut.
- *"¿Con quién nos está comparando exactamente?"*
- *"¿Qué le ha ofrecido exactamente el competidor?"*.
- *"¿Podría enseñarme el presupuesto para que podamos comparar juntos?"*.
- *"¿Qué le parece si ponemos las dos ofertas una al lado de la otra y las comparamos punto por punto? Así podrá ver aún más claramente dónde están las ventajas para usted en nuestra oferta."*

Por supuesto, tu cliente no siempre te dará información de buen grado, ni siquiera te mostrará la oferta de la competencia. A menudo teme debilitar su posición negociadora si revela sus secretos. A veces no se le permite hacerlo. Pero también hay casos en los que el cliente ofrece activamente esa comparación por iniciativa propia para retarle a hacer una oferta mejor.

Con algunos de los procedimientos o preguntas enumerados anteriormente, también debes tener cuidado de no dejar la impresión de que el propio cliente no puede comparar correctamente.

Si ahora tienes la información necesaria (lista de criterios u ofertas y precios del competidor), puedes -junto con el cliente- comparar las dos ofertas punto por punto (si es posible) o crear una lista aparte con los criterios relevantes para el cliente (y para ti). A continuación, puedes puntuarlas según un esquema de evaluación específico (por ejemplo, de 1 a 5 puntos). Aunque tu oferta sea claramente mejor que la del competidor, debes asegurarte de que haya al menos una categoría en la que tú no lo hagas mal, pero el competidor lo haga ligeramente mejor. Esto hará que el resultado de la comparación sea más creíble y convincente.

Puedes hacer esta comparación junto con tu cliente en tu bloc de notas. Sobre todo si se utilizan más de tres criterios, yo recomendaría hacerlo por escrito. De lo contrario, existe un gran riesgo de que tu cliente deje de tener una visión de conjunto... y tú tampoco.

	Producto A	Producto B
Disponibilidad	+	~
Precio	~	+
Durabilidad	+	~
Peso	+	−
Diseño	+	+
	(+)	

El objetivo de toda la búsqueda de criterios y la comparación es reunir más puntos positivos que la oferta de comparación. Especialmente si has hecho la comparación de forma limpia directamente con marcas en la oferta escrita o mediante un boceto a mano, esto tiene un efecto convincente. El cliente puede entonces tomar su propia decisión basándose en esta clara comparación, esperemos que a tu favor.

¿Costes o precios?

Especialmente cuando las objeciones se refieren a precios, la claridad es muy importante. ¿Qué quiere decir el cliente cuando dice "demasiado caro"? Tú no lo sabes en ese momento, todavía no. Incluso lo que es el precio, a menudo no está tan claro con productos y servicios complejos (y a menudo una combinación de ambos en una oferta). Hay pagos únicos y costes continuos, o costes que sólo se cobran en determinados casos.

Cuando se trata del precio de una botella de agua mineral, todo es bastante sencillo. Si vendes una planta industrial o partes de ella, la pones en funcionamiento y luego también la operas para el cliente, es un asunto completamente distinto. Pero no tiene por qué ser tan extremo. Incluso un producto relativamente sencillo, como un coche, permite un margen de maniobra, como veremos dentro de un momento.

Ahora bien, hay muchos enfoques diferentes para hacer frente a las objeciones de precio. Tantos que he escrito mi propio libro sobre el tema: "Manejar las objeciones de precio con facilidad: 118 tácticas de venta probadas". Si quieres o necesitas tratar las objeciones de precio de una forma especialmente intensiva (porque te enfrentas a ellas a menudo), sin duda encontrarás lo que buscas en este libro. En este libro encontrarás muchas estrategias, pero siempre relacionadas con las objeciones de precio. Un libro especial, por así decirlo.

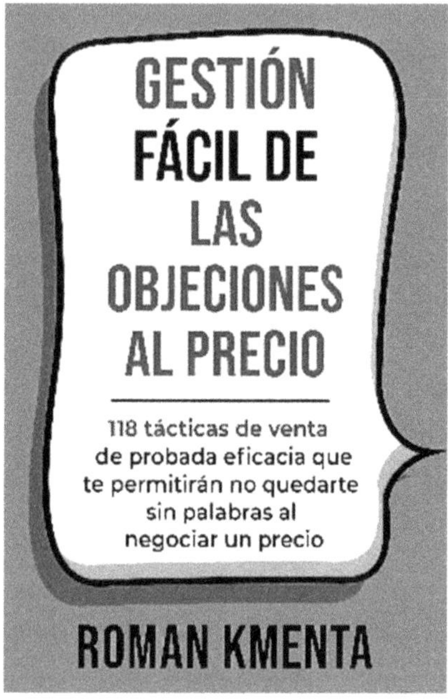

www.romankmenta.com/shop

Un enfoque útil y aplicable específicamente a las objeciones de precio consiste en tener claro si el cliente está hablando del coste o del precio de un producto o servicio. Por lo tanto, me gustaría destacar esto como un ejemplo de las muchas variantes de tratar las objeciones de precio.

Un ejemplo clásico de la venta de coches (cuando se trata de comparar precios de modelos diferentes pero "equivalentes"):

- Cliente: *"¿Pero esto ya es caro?"*.
  Vendedor: *"Puedo preguntar: ¿se refiere al precio o al coste?"*.
  Cliente: *"¿No entiendo lo que quiere decir?"*.
  Vendedor: *"Perdone si no he sido claro. Por precio me refiero a lo que paga cuando compra. El coste es la cantidad que pagarás cuando sumes todo lo que implica su funcionamiento y luego lo desgloses en una cantidad por kilómetro."*

El vendedor puede ahora aportar claridad en términos de dinero y utilizar para ello comparaciones de costes por kilómetro. Pero al hacerlo, no sólo ha ganado en claridad, sino que también puede haber cambiado los criterios según los cuales el cliente toma su decisión.

Esta estrategia tiene una larga tradición en la venta de automóviles. A las revistas especializadas les gusta comparar los costes por kilómetro de los distintos vehículos. No es infrecuente descubrir que un vehículo con un precio más elevado obtiene mejores resultados en términos de coste que los modelos de la competencia.

Pero este tipo de gestión de las objeciones es aplicable no sólo a los vehículos, sino a muchos otros productos e incluso servicios. A veces basta con modificar un poco el enfoque para ello. Por supuesto, los kilómetros no siempre son la unidad de medida con la que se puede comparar. He aquí algunos ejemplos:

- Zapatos, bolsos o ropa de mayor calidad, generalmente por un solo uso,

- Vacaciones por día, teniendo en cuenta también los gastos de llegada y salida y los servicios incluidos o no incluidos,
- Ascensores, telesillas o teleféricos por pasajero transportado, por hora de funcionamiento o por viaje,
- Cursos de formación y seminarios por hora o por participante (por hora).

¿Cuáles son las unidades de medida que tienen sentido para lo que ofreces como punto de referencia y hacen que tu oferta obtenga mejores resultados en la comparación?

Por supuesto, puedes hacer estas comparaciones numéricas no sólo para los costes, sino también para los ingresos o el ahorro. Para algunas ofertas, se trata de la misma moneda, pero vista desde dos caras. Si ofreces, por ejemplo, fachadas termoaislantes para viviendas, puedes comparar, por supuesto, los costes por un lado, pero también el ahorro por otro. ¿Hay también ahorros en tu zona que puedas citar?

Idea básica 3: Contraataque

Las objeciones de los clientes suelen percibirse como un ataque del vendedor, pero no siempre es así. Puede tratarse de una simple pregunta que puede abordarse fácilmente con una respuesta rápida, o puede ser un argumento más desafiante. En ambos casos, nuestro instinto natural es contraatacar o huir.

En las ventas, huir no es una opción, así que a menudo recurrimos a defendernos. Sin embargo, como hemos aprendido, defender nuestra oferta puede tener consecuencias negativas.

Entonces, ¿qué alternativa tienen los vendedores para manejar las objeciones con eficacia?

Siguiendo la idea básica de esta sección, podemos -en lugar de limitarnos a defender- ir un poco más allá e iniciar un contraataque. Al hacerlo, tomamos la objeción del cliente como algo que nos ayuda a avanzar un (buen) poco en la dirección de nuestros objetivos conversacionales. El contraataque (pido disculpas por este término tan militante, por supuesto, una conversación con un cliente no debería tener nada de pelea. Simplemente no se me ha ocurrido nada más apropiado hasta la fecha) puede tener los siguientes efectos positivos en el proceso:

- Refuerza las espaldas del vendedor y consolida su posición.
- Aumenta el deseo del cliente de aceptar la oferta.
- Sorprende al cliente, le inquieta y le hace replantearse su posición.
- En algunos casos, lleva al vendedor directamente al cierre.
- Supone concesiones del cliente para el vendedor.
- Convierte al cliente en un aliado.

En definitiva -podría decirse- te sientes muy bien como vendedor si no te limitas a defenderte cuando recibes una objeción, sino que pasas a la acción. Al fin y al cabo, tu trabajo como vendedor es marcar el rumbo y decir hacia dónde van las cosas... Y sólo puedes hacerlo si tienes el timón en la mano.

En cuanto a las estrategias y enfoques específicos que se derivan de esta idea básica, hay varios, algunos bastante diferentes, que puedes utilizar individualmente o combinados.

Rechazo y retirada

Aunque esto pueda parecer extraño a primera vista: Puede ser una forma de contraataque si aprovechas una objeción como oportunidad para avanzar en la dirección contraria. En lugar de avanzar en la dirección de cerrar la venta, retrocedes.

Esta estrategia tiene sentido, sobre todo si ...

- sabes (o al menos está bastante seguro) de que el cliente está muy interesado en tu oferta.
- no tienes forma de quitar la objeción de en medio.
- no dependes de las ventas.
- quieres vender el último producto de su clase que tienes en stock y sabes que, en cualquier caso, puedes venderlo rápidamente en otro sitio.
- tienes un gran poder de conversación en relación con el cliente.
- Quieres hacer tu oferta aún más atractiva y aumentar la deseabilidad del cliente.
- quieres construir más poder en la conversación.

¿Cómo podría ser eso en términos concretos?

- Cliente: *"Pero la piscina ya es muy grande"*.

Siguiendo esta estrategia, el vendedor podría responder ahora con las siguientes afirmaciones (con algunas variaciones diferentes):

- *"Lástima, pensé que íbamos a hacer negocios."*
- *"Supongo que tu piscina no se hará entonces."*
- *"Entonces lo siento, no puedo ayudarte allí."*

Con formulaciones de este tipo, se está tirando al bebé con el agua de la bañera. De la objeción del cliente se deduce que no quiere comprar debido a su objeción. En la mayoría de los casos, por supuesto, se exagera. Al fin y al cabo, una sola objeción a un único criterio de decisión no significa que el cliente no vaya a comprar debido a ella. Por supuesto, tú también lo sabes, y por eso te basas en este enfoque para asegurarte de que tu cliente lo ve de la misma manera.

Es un poco como poner algo en la mano de alguien, que lo agarra y lo mira con interés, y luego se lo quitas. Físicamente, esto suele tener el efecto de que tu interlocutor quiera cogerlo y llevárselo. Al fin y al cabo, ya era (casi) suyo. Si tienes dudas sobre la estrategia, dale algo a un niño pequeño y luego vuelve a quitárselo. La reacción es previsible. Podemos crecer y convertirnos en adultos, pero ciertos comportamientos están tan arraigados que no cambian en lo fundamental.

Si tu cliente sigue interesado en tu oferta a pesar de su objeción, entonces empezará a rebatir su objeción y a remar en dirección contraria. Tal vez él mismo exprese lo que acabo de describir:

- Cliente: *"Que la piscina sea más grande de lo que pensaba no significa que no me guste".*

¿Y si el cliente no se echa atrás? Por supuesto, esta estrategia también puede ser contraproducente, y eso si has jugado al póquer un poco demasiado alto. Pero si no tienes ningún problema con que el cliente no reaccione como esperabas por las razones antes mencionadas, al menos ya sabes a qué atenerte.

El lenguaje corporal como amplificador

Para reforzar el efecto de tu retirada y parecer aún más creíble, debes enfatizarlo todo con el lenguaje corporal. En concreto, puedes ...

- Golpea tus discos,
- guarda la oferta,
- guarda el producto,
- inclinarse hacia atrás (porque antes probablemente ambos estarán inclinados hacia delante),
- guarda el bolígrafo (si tienes uno en la mano).

Si te retiras sólo verbalmente, pero no señalas con el lenguaje corporal que vas en serio, no eres muy creíble. Cuando el mensaje expresado en el contenido difiere del mensaje expresado en el lenguaje corporal, tendemos a dar más credibilidad a lo que dice el cuerpo.

Tren por tren

Imagínese que recibe un regalo de cumpleaños de un conocido con el que se cruza una vez cada dos años. Es la primera vez. Nunca se habían regalado nada. Nada importante. Algo pequeño, una botella de vino, una caja de bombones o incluso una bonita tarjeta. ¿En qué estás pensando ahora?

Si piensas como la mayoría, hay dos cosas que se te pasan por la cabeza: *"¿Qué querrá de mí?"* y *"Mierda, ¿qué le voy a regalar?"*. Cuando recibimos un regalo inesperado de casi desconocidos, suponemos automáticamente (y a menudo con razón) que hay una intención detrás. Sabemos que -una vez que lo aceptamos- estamos en deuda con la otra persona. La segunda pregunta expresa claramente que estamos obligados -queramos o no- a corresponder con un regalo de un valor aproximadamente igual. Con razón, ahora te preguntarás: *"¿Y qué tiene eso que ver con el tratamiento de las objeciones, por favor?"*.

Como muestra el ejemplo, estamos acostumbrados a dar algo cuando recibimos algo. En psicología del comportamiento, este patrón de conducta se denomina reciprocidad. Esto a su vez significa que puede ser apropiado responder a las demandas de los clientes, como suele ocurrir con las objeciones, con una contra-demanda. El cliente lo entenderá (de forma inconsciente y bastante automática) porque es un patrón aprendido, un comportamiento que ya se ha practicado con mucha frecuencia.

Un ejemplo:

- Cliente: *"El plazo de entrega es demasiado largo para mí. Lo necesito para finales de la semana que viene"*.
  Vendedor: *"Puedo ver si puedo hacer algo por usted. No será fácil. Si puedo hacerlo, le supondrá un coste*

adicional de 75 euros y necesito que me haga el pedido inmediatamente."

- Cliente: *"El verde no coincide con nuestra identidad corporativa".*
  Vendedor: *"Podría intentar que la fábrica produjera un color especial para usted. ¿Qué tipo de verde quiere?"*. (Nótese que, en lugar de enumerar qué tipos de verdes son posibles, el vendedor hace aquí una pregunta directa de cierre).
  El cliente presenta una muestra de color: *"Este".*
  Vendedor: *"Entonces estaré encantado de pedírselo. El plazo de entrega para este es de dos semanas más con un coste adicional de 200 euros. ¿Lo encargo?".* (Así de rápido se pasa de una objeción a una conclusión).

Estos son sólo algunos ejemplos sencillos y cotidianos. Asegúrate de que todo lo que hagas posible para el cliente sea un poco difícil, tedioso e incierto. Al fin y al cabo, quieres algo a cambio de este esfuerzo adicional del cliente, ya sea un recargo, un pedido inmediato o incluso un poco más de paciencia. Por supuesto, este enfoque sólo tiene sentido si existe una solución a la objeción del cliente.

Sin embargo, dependiendo de la situación, también se puede llevar aún más lejos la estrategia movimiento a movimiento y presionar más, es decir, volverse más exigente. Esto puede ser especialmente apropiado si el cliente tiene una demanda mayor asociada a una objeción.

- Cliente: *"La pieza es definitivamente demasiado larga".*

Vendedor: *"¿Qué quiere decir con 'demasiado tiempo'?"*.
Cliente: *"Bueno, como mucho debería medir 90 centímetros"*.
Vendedor: *"Por defecto, lo ofrecemos en 95, 100 y 105 centímetros. ¿Estaría dispuesto a coger cinco entonces, porque así puedo probar si podemos conseguir una talla especial de nuestro proveedor?"*
Cliente: *"Sólo necesito uno, ¿qué voy a hacer con cinco?"*.
Vendedor: *"¿Cuánto tiempo lleva usando uno?"*.
Cliente: *"No lo sé, es la primera. No los había usado antes. ¿Sabe cuánto durará?"*.
Vendedor: *"De tres a seis meses normalmente. No tiene que preocuparse durante los próximos dos años"*.
Cliente: *"¿Y cuánto cuesta la producción especial?"*.
(La palabra "producción especial" hace que el cliente acepte automáticamente que lleva asociado un recargo).

Hay otra variante en la que ni siquiera hace uno mismo la reconvención, sino que le pasa la pelota al cliente. Puedes utilizarla muy bien para objeciones sobre precios, por ejemplo:

- Cliente: *"Sigo necesitando que me haga una concesión en el precio"*.
  Vendedor: *"¿Y cómo me acomodaría para eso?"*
  Cliente: *"¿Por qué, lo compraría?"*
  Vendedor: *"Ya, al precio ofrecido. Pero si aún así le satisfaría el precio, lo justo es que también reciba*

algo de usted a cambio."
Cliente: *"Mmmh. Entonces, ¿me imagino comprándote el próximo producto que necesite dentro de dos o tres meses?".*

Por supuesto, como vendedor, también puedes (todavía) aportar sugerencias sobre lo que el cliente podría hacer por ti. Sin embargo, si le devuelves la pelota al cliente, puede que se le ocurran ideas que a ti no se te habrían ocurrido. Y además: El que pregunta, guía.

Lógica inversa

Cuando el cliente plantea una objeción, solemos interpretarla automáticamente como algo "negativo". Pero, ¿y si no hacemos eso? ¿Y si asumimos -sólo hipotéticamente- que esta objeción habla A FAVOR de nuestra oferta en lugar de EN CONTRA? Esto no funcionará con todas las objeciones, pero lleva tanto al vendedor como al cliente a nuevas e interesantes formas de ver algunas objeciones.

Algunos ejemplos sencillos:

- Cliente: *"Pero el rojo ya es muy fuerte".*
  Vendedor: *"Cierto, reduce el riesgo de accidentes porque te ven mucho más rápido".*

- Cliente: *"Pero el plazo de entrega ya es muy largo".*
  Vendedor: *"Así es. Eso significa que puede irse de vacaciones antes y relajarse y hacer los preparativos para la instalación después."*

Importante: No inserte aquí un "pero para esto...". Esto sería una justificación.

Como habrás observado, esta variante de tratar las objeciones también implica el acuerdo en la gran mayoría de los casos (véase la Idea Básica 1: Sin resistencia).

La base de esta lógica inversa es el llamado "reencuadre". También podría llamarse simplemente "dar un significado diferente" o "reinterpretar". Se trata de un método muy utilizado en PNL (Programación Neurolingüística). Si lo miramos bien, es algo que utilizamos con frecuencia en el lenguaje cotidiano, normalmente sin darnos cuenta.

Existen diversas variantes en el uso del reencuadre. Las siguientes son especialmente útiles para tratar las objeciones:

- Reinterpretar palabras sueltas o frases enteras,
- Sustituir palabras sueltas o reformular frases enteras.

Reinterpretar

Al reinterpretar palabras o afirmaciones, se da un significado diferente a lo que dice el cliente (como en los ejemplos anteriores).

- Cliente: *"Este precio se sale de mi presupuesto".*
  Vendedor: *"Razón de más para financiar la compra en vez de pagar al contado".*

- Cliente: *"Pero el aparato pesa bastante".*
  Vendedor: *"Así es. Esto también aumenta drásticamente su estabilidad".*

- Cliente: *"Pero el tiempo de producción ya es largo".* Vendedor: *"Exacto. Eso significa que tenemos tiempo suficiente para hacer las cosas importantes con la atención que necesitamos."*

En lugar de ver la objeción del cliente como un obstáculo para realizar una venta, intente verla como una oportunidad para mejorar la financiación. Reformular las objeciones de esta manera puede no funcionar siempre, pero con el nivel adecuado de creatividad y preparación, puede ser una herramienta poderosa en su arsenal de ventas.

Sin embargo, confiar únicamente en las habilidades de improvisación puede no ser el enfoque más práctico. Siempre es mejor estar preparado para las posibles objeciones investigando y anticipándose a lo que puedan plantear los clientes. No obstante, puede haber casos en los que no se encuentre un reencuadre adecuado. Pero no se preocupe. Este libro ofrece muchos otros métodos que pueden ayudarle a superar las objeciones y a cerrar más ventas.

Sustituir

El segundo tipo de reencuadre del que me gustaría hablar es la sustitución de palabras o frases. Aquí el límite con la reinterpretación es fluido, pero no importa si lo que haces es una cosa o la otra... Lo principal es que te lleve a alguna parte.

Algunos ejemplos de términos que puedes sustituir por otros para cambiar el significado del enunciado:

- Estresante <> mucho que hacer
- Problema <> tarea (reto)

- Caro <> valioso
- Aburrido <> relajante
- Demasiado grande <> poderoso (aún deja espacio para maniobrar)
- Estrecho <> que abraza la figura
- Malo <> aún no perfecto
- Feo <> llamativo

A menudo se da el caso de que sustituye una palabra asociada negativamente a un cliente por otra más positiva para, al menos, mitigar la objeción.

- Cliente: *"Es un verdadero problema con la producción horaria".*
  Vendedor: *"Sí, todavía tenemos un problema que resolver.*
  Cliente: *"Sin duda".*

De este modo, no se contradice al cliente, sino que incluso se consigue su acuerdo ("definitivamente"). Así, el nuevo significado queda anclado y "tener una tarea que resolver" no es nada fundamentalmente malo. La contradicción podría crear resistencia por parte del cliente, como en este ejemplo negativo:

- Cliente: *"Lo de las horas es realmente un problema".*
  Vendedor: *"Bueno, yo no lo llamaría un problema".*
  Cliente: *"Pero yo sí".*

Cuando utilices la sustitución, asegúrate de que el significado del nuevo término no se aleja demasiado del término que utilizaba el cliente. La distancia debe ser la suficiente para que el cliente lo acepte.

En la versión más suave, basta con repetir la afirmación del cliente como señal de que realmente se le está escuchando bien (escucha activa), pero con las palabras ligeramente cambiadas.

- Cliente: *"El contenido del seminario no es el que quiero para mis vendedores".*
  Vendedor: *"Ya veo, el contenido* ***aún no es óptimo****".*
  Cliente: *"Sí, tenemos que cambiarlo un poco".*

"Todavía no es óptimo" siempre es un poco mejor que "... no es lo que quiero" y, al parecer, fue aceptado por el cliente en este ejemplo.

Reencuadre negativo

También puede utilizar el reencuadre en la otra dirección, sustituyendo un término asociado positivamente por otro más negativo o dándole un significado negativo. Probablemente esto suene un poco extraño y te preguntes por qué deberías hacerlo. Puede haber situaciones en la conversación de ventas o en la gestión de objeciones en las que esto tenga sentido.

- Cliente: *"El Model X de su competidor sigue siendo 30 centímetros más largo y ofrece correspondientemente más espacio interior".*
  Vendedor: *"Eso significa que es un reto encontrar una plaza de aparcamiento adecuada en aparcamientos a menudo estrechos".* (Reencuadre reinterpretando)

- Cliente: *"Por el momento, estoy bastante libre de estrés allí".*
  Vendedor: *"Ya veo, eso significa que corres el riesgo de aburrirte".*

Como puedes ver en estos dos ejemplos, la reinterpretación apenas puede separarse de la sustitución. Es cierto que podrás utilizar el reencuadre positivo más a menudo que el negativo, pero conocer también esta variante no te vendrá nada mal.

Orientación sobre titulaciones

Las objeciones son a veces una verdadera invitación a cerrar la venta. El camino desde la objeción (tratada) hasta el sí final del cliente suele ser muy corto. Es un poco como el judo: puedes convertir la energía de la objeción en energía de cierre.

En primer lugar, como ya se ha mencionado, el hecho de que el cliente plantee una objeción también significa que básicamente (todavía) está interesado. Si ya se hubiera extinguido todo interés, probablemente no se molestaría o no hablaría contigo en absoluto. Por supuesto, no es posible generalizar cómo se comporta esto en la situación concreta. Siempre depende del contenido de la objeción y de la forma en que se plantee. Pero si tu cliente está interesado, es posible llegar a un acuerdo.

En segundo lugar, en muchos casos no es en absoluto ilógico suponer que -si puedes resolver el problema o la pregunta del cliente y eliminar así la objeción- el cliente comprará. Esto es especialmente concebible si es la única objeción que le queda.

Para convertir la energía de la objeción en energía de cierre y utilizarla directamente para cerrar la venta, es importante adoptar esta mentalidad como propia.

La última objeción

Esta forma de pensar es la base de un método para tratar las objeciones que es muy eficaz y puede utilizarse de forma excelente para diversos tipos de objeciones. Se llama "La última objeción" y, cuando lo conozcas enseguida, descubrirás que el nombre lo dice todo.

Básicamente, después de que tu cliente haya expuesto una objeción, hay dos puntos más que aclarar para llegar a una conclusión:

- ¿Es la única objeción que el cliente sigue teniendo y
- ¿compra el cliente cuando se resuelve la objeción?

Entonces, ¿cómo hacer ahora la "última objeción"?

Ya conoces los primeros pasos del método de la variante básica de gestión de objeciones:

Paso 1 - Escuchar, comprender y mostrar comprensión

Paso 2 - Agradecer y apreciar

A partir de ahora, la conversación se desarrolla de forma algo diferente. Antes de cuestionar la objeción (como en la variante básica), primero hay que acotarla un poco más:

Paso 3 - Reducir la objeción

En este paso hay que averiguar si la objeción actual es la última y, por tanto, la única (de ahí el nombre del método) o si hay otras. Y eso se hace con la siguiente pregunta, sencilla pero muy eficaz:

- *"¿Hay algo más que le impida elegir nuestra oferta?"*. (Una pregunta final en la que se presupone que la compra por parte del cliente es perfectamente concebible).

El cliente tiene ahora dos opciones: "Sí" o "No". Si responde afirmativamente, significa que aún no tienes que abordar la objeción planteada. Obviamente, hay otras que hay que conocer y explorar. La pregunta lógica en este caso es

- *"¿Y de qué se trata?"* o con un poco más de detalle: *"¿Y qué puntos tenemos que aclarar antes de que puedas decidir al respecto?"*.

Esto te dará una colección de objeciones (esperemos que no sean demasiadas) que tendrás que ir resolviendo una a una. Normalmente, sin embargo, sólo habrá una objeción más. Es probable que el cliente la tenga en mente desde hace tiempo. Como le has presionado un poco con la pregunta final, ahora tiene que nombrarla. Esta forma de preguntar crea claridad. Tu cliente tiene que mostrar sus colores y tú sabes a qué atenerte. También señalas a tu interlocutor que "las cosas se están poniendo serias" y que la decisión de compra es inminente. Un codazo suave pero claro.

Si tu cliente responde que no -en el sentido de *"No, no hay nada más"*-, estás a punto de cerrar el trato. Sólo esta objeción se interpone en el camino de la compra. Si la evitas, la superas, la mitigas suficientemente o la resuelves, habrás alcanzado el objetivo de la conversación: cerrar la venta. En este caso, puedes pasar al siguiente paso.

Paso 4 - Desafiar la objeción

En esta fase de la conversación, son útiles las preguntas de las que hablamos en el capítulo "Crear claridad".

- *"¿Qué quieres decir exactamente con 'demasiado caro'?".*
- *"Cuando dices que tardas demasiado, ¿qué significa exactamente?".*
- *"¿De qué color tendría que ser para que te decidieras por el producto?".*

Como muestran los ejemplos, el enfoque puede aplicarse a una amplia variedad de objeciones y puede ser muy útil, especialmente con las objeciones de precio.

Lo que el cliente te da como respuesta puede ser una tarea solucionable para ti o una que no lo es tanto. Si el cliente necesita la entrega para el lunes, pero no puedes entregársela hasta el miércoles como muy pronto (aunque te esfuerces), entonces puedes detener este enfoque aquí y comunicarle muy claramente que no es posible.

Sin embargo, "la última objeción" es interesante para todos aquellos casos en los que puedes resolver la objeción, fácilmente o incluso ejerciendo todas las fuerzas disponibles. Si es así, puedes pasar al siguiente paso.

Paso 5 - Obtener el compromiso

Si ahora tenemos una solución -quizás incluso sencilla- para la objeción, tendemos a revelarla de forma automática e inmediata. Nos sentimos aliviados de poder resolverla tan rápida y fácilmente.

- Cliente: *"Debería estar en este rojo de aquí".* Vendedor: *"Sí, podemos hacerlo como trabajo a medida".*

Puede ser una buena sensación, pero hay que hacer una pregunta crítica: ¿Tú, como vendedor en este ejemplo, ya tienes un compromiso de tu cliente? - No, no lo tienes. Porque podrías seguir así:

- Cliente: *"Es bueno saberlo. Me lo pensaré entonces".* (Sale el cliente)

Lástima, ahora que has podido resolver la objeción tan rápidamente. ¿Volverá el cliente? Puede que sí. Pero la probabilidad acaba de bajar un poco. Podría surgir cualquier cosa.

Por lo tanto, es mejor no dejar al cliente descolgado tan fácilmente en este momento:

- Cliente: *"Debería estar en este rojo de aquí".* Vendedor: *"Mmmh, si podemos hacerlo -y aún no estoy muy seguro- ¿lo quiere en rojo?".* Cliente: *"Sí".*

¿Cuál es la diferencia con la variante anterior? El vendedor ha formulado una pregunta hipotética de cierre. Eso significa que ha conseguido el compromiso del cliente ANTES incluso de intentar resolver la objeción. Y eso es muy diferente a resolver la objeción y luego esperar el compromiso.

Al fin y al cabo, puede que te cueste algún esfuerzo resolver la objeción y, como en el ejemplo, conseguir que producción fabrique una variante con un color especial. Para qué molestarse si el cliente ni siquiera sabe si quiere el producto en primer lugar.

Como buen lector, ya te habrás dado cuenta de un detalle crucial en el planteamiento del vendedor. Presentaron la solución a la objeción como si fuera un reto. Se trata de una estrategia muy eficaz desde el punto de vista de la psicología de ventas, que debería plantearse utilizar, independientemente de si la solución es realmente difícil o bastante sencilla. De este modo, la solución adquiere un aire de exclusividad que la hace más deseable. Este mismo principio puede verse en la sección "Rechazo y retirada", donde exploramos el poder de crear escasez. Al hacer que la solución a la objeción parezca rara, aumentas el interés y el deseo por el producto.

Sí, lo confieso, esto hace que te engañes un poquito. Tal vez tu conciencia pueda vivir con ello si le dices que es por una buena causa -cerrar la venta-, que es en definitiva lo que tú Y el cliente queréis. Tampoco te está hablando por diversión.

Pero, ¿y si el cliente responde que no? Bueno, incluso en ese caso, a ti te ayuda. Sabes a qué atenerte y lo tienes un poco más claro. Lógicamente, la siguiente pregunta seguiría a un no del cliente:

- *"Ya veo. ¿Puedo saber cuál es la razón por la que aún no está convencido?"*

En sí misma, una respuesta negativa no es lógica. Tu cliente ya había respondido que no en el paso 3 a la pregunta *"¿Hay algo más que le impida elegir la oferta?"*. En consecuencia, ahora tendría que decir que sí. Pero en ventas, no todo es siempre lógico. Las conversaciones de ventas a menudo pueden seguir caminos muy sinuosos.

En cualquier caso, es posible que descubras otra razón que impide al cliente comprar con esta demanda. Posiblemente una que tu cliente no quería contarte, pero que ahora que estás creando cierta presión, tiene que salir con ella. En definitiva, es otra objeción de la que tienes que ocuparte de alguna manera. Al fin y al cabo, en este libro hay muchas variaciones al respecto.

Paso 6 - Resolver la objeción

Suponiendo que tu cliente haya respondido afirmativamente a la hipotética pregunta de cierre del paso 5, habrás vendido algo... si puedes resolver la objeción a satisfacción del cliente. Por lo tanto, el cierre ya no está en manos del cliente, sino sólo en las suyas. El cliente ya ha aceptado.

Supongamos que puede resolverlo (y sólo entonces debería utilizar este método). En ese caso, puedes enviar directamente al cliente una confirmación de pedido o pedirle que pase por caja, dependiendo de la situación de venta en la que te encuentres y de lo que sea práctica habitual en tu empresa.

Juntos hacia la meta

Esta variante es adecuada para todos aquellos casos en los que tu cliente no es el único responsable de la toma de decisiones.

Esto puede ocurrir tanto en el negocio B2B como en el B2C. A menudo, cuando se trata de decisiones de compra más importantes y de importes más elevados, intervienen varios (co)decisores, de los cuales no todos toman la decisión real. Algunos de ellos sólo influyen, pero siguen teniendo una voz importante.

Las objeciones que se oyen a menudo en estos casos son, por ejemplo:

- *"No puedo decidir eso (por mi cuenta)".*
- *"Eso lo decide nuestro director general".*
- *"Tendré que preguntárselo primero a mi mujer (marido)".*

Esto significa que no puedes resolver esta cuestión únicamente con tu interlocutor. Sobre todo si este último está sujeto a normas predeterminadas de toma de decisiones. Sin embargo, esto no te impide dar un paso positivo. El objetivo en esta situación es obtener al menos el acuerdo de tu interlocutor. Y eso se consigue con la siguiente pregunta hipotética:

- *"Suponiendo que pudieras decidirlo por ti mismo, ¿aceptarías nuestra oferta?"*
- *"Suponiendo que fuera tu decisión, ¿cuál sería tu decisión?"*

De nuevo, hay dos respuestas posibles. O bien tu interlocutor dice que se decidiría a favor de tu oferta o no. Si no, hay que preguntar por qué y sacar a la luz las objeciones subyacentes.

Si se pronuncia a tu favor, has dado un paso más. Ahora están en el mismo barco, por así decirlo, y juntos pueden elaborar un plan para ganarse a los otros responsables de la toma de decisiones para tu causa.

Las preguntas adecuadas para esto podrían ser algo así como

- *"¿Y cómo podemos convencer a su Director General?".*
- *"¿Cómo puedo ayudarte a llevar el proyecto a una decisión positiva internamente?".*
- *"¿Cómo podemos colaborar para que tu mujer esté tan ilusionada como tú?".*
- *"Entonces deberíamos hablar juntos con tu jefe. ¿Cuándo podemos hacerlo?". (Si quieres ser un poco más enérgico).*

El juego con el ego

En el caso de algunos productos e industrias -especialmente los más caros o de lujo- también se puede pasar al contraataque jugando con el ego del cliente.

- Cliente: *"Pero eso es bastante caro".*
  Vendedor: *"Así es. Justo para ti, pensé".*

Por supuesto, eso es un poco descarado y hay que usarlo con mucho tacto.

- Cliente: *"Eso lleva mucho tiempo".*
  Vendedor: *"Por eso sólo aguanto este tipo de cosas de clientes como tú, en los que tengo la impresión de*

que tienes aguante para esperar las cosas realmente valiosas".

Aquí se combina un elogio con una reinterpretación (larga duración significa que es un producto valioso).

- Cliente: *"No estoy seguro de si realmente necesito este equipo".*
  Vendedor: *"Estaremos encantados de comprobar de nuevo. Sólo pensé que era importante para usted que su unidad no estuviera peor equipada que la de su vecino".*

(En realidad, este es un argumento de venta importante, por ejemplo, para la maquinaria agrícola, como los tractores).

También sería concebible un juego negativo con el ego. Esto es más arriesgado, pero tanto más eficaz si funciona.

- Cliente: *"No creo que necesite este servicio parcial".*
  Vendedor: *"Estaremos encantados de quitarlas. Es que pensaba que querías el máximo nivel de seguridad para tu familia en caso de que te pasara algo".*

Si el cliente mantiene su objeción, está eligiendo no tener la máxima seguridad para sus seres queridos. Si no es así como quiere argumentar, lo entiendo perfectamente. Está al límite de lo moral y es relativamente peligroso para el nivel de las relaciones.

En definitiva, la inclusión del ego del cliente añade una serie de facetas interesantes a su repertorio de gestión de objeciones.

Idea básica 4: Inversión de roles

El reparto tradicional de papeles en el "juego de las objeciones" consiste en que el cliente plantea objeciones a la oferta del vendedor, y es responsabilidad del vendedor rebatirlas o resolverlas. Esto es exactamente lo que ocurre en la inmensa mayoría de los casos.

Pero, ¿tiene por qué ser así? ¿No es posible también romper esta trama clásica e incluso darle la vuelta? ¿Y si el cliente y el vendedor intercambiaran sus papeles, al menos temporalmente? Salirse de los esquemas de pensamiento habituales siempre puede dar lugar a ideas y estrategias nuevas, a veces muy emocionantes y eficaces.

Si se considera una inversión de papeles entre el cliente y el vendedor, las siguientes variantes son concebibles y pueden observarse en la práctica de las ventas:

- **El vendedor trae la objeción en lugar del cliente y la maneja él mismo.**
  Se trata de la clásica anticipación de la objeción, que ya hemos analizado en detalle en una de las secciones anteriores.

En las otras dos variantes, la objeción la gestiona el cliente, independientemente de quién la plantee:

- **El vendedor presenta la objeción y el cliente la resuelve.**

- **El cliente presenta la objeción y la resuelve él mismo.**

Normalmente nos vienen a la mente las siguientes preguntas:

- ¿Por qué iba a permitirlo el vendedor?
- ¿Por qué debería hacerlo el cliente?
- ¿Cómo puede el vendedor conseguir que el cliente se haga cargo de la gestión de las objeciones?

Con este planteamiento, las ventajas para el vendedor son evidentes.

- Significa menos "trabajo de argumentación" para el vendedor cuando el cliente se encarga de la objeción.
- El cliente puede aportar argumentos que invaliden su propia objeción y en los que el vendedor no habría pensado.
- Los argumentos que aporta el propio cliente le resultan más creíbles que los del vendedor.

Hay mucho que decir sobre este enfoque. Pero, ¿cómo conseguir que el cliente torpedee sus propias objeciones y cambie los papeles contigo... temporalmente? En las siguientes variantes de invitar directa o indirectamente al cliente a intercambiar papeles, reconocerás una u otra herramienta de comunicación.

"Todo lo que puedas decir, también lo puedes pedir".

El patrón básico, que se puede encontrar en prácticamente todas las variantes descritas, es el de devolver la pelota al cliente mediante una pregunta adecuada y cederle así el papel de gestor de objeciones. Según el lema: "Todo lo que se puede decir, también se puede preguntar".

- *"¿Por qué nuestra propuesta es, sin embargo, interesante para usted?"*
  El vendedor parte de la base de que el cliente está interesado (pre-suposición) y sólo pregunta por las razones de ello, que al mismo tiempo sirven como argumentos para debilitar o superar la objeción del propio cliente.

- Cliente: *"Eso es bastante pesado, sin embargo".* Vendedor: *"Cierto, no es el más ligero. De todas formas, ¿por qué cree que muchos de nuestros clientes lo compran?".*

Para empezar, no ofrezcas resistencia y admite abiertamente que es como afirma el cliente. Al hacerlo, reformulas la afirmación del cliente "pesada" y sustituyes la palabra por un no tan mal sonante "no es lo más fácil de hacer". En la segunda frase, también utilizas la prueba social diciendo que muchos de tus clientes eligen el producto.

- *"Este modelo es el que obtiene las puntuaciones más altas en cuanto a satisfacción del cliente. ¿A qué cree que se debe?"*
  De nuevo, pones en juego la prueba social con la afirmación sobre la satisfacción del cliente. Con la segunda frase, vuelves a reforzar la afirmación incorporándola a una pregunta... y así "¡es así!".

- *"Si decidieras rechazar nuestra oferta, ¿de qué tendrías que prescindir?".*

Con esta pregunta hipotética, obligas literalmente al cliente a pararse a pensar. Tiene que pensárselo dos veces a la vuelta de la esquina. No solo tiene que hacer la objeción, sino que también le pones en el escenario en el que decide elegir una oferta diferente.

- Vendedor: *"¿Ha tenido esta objeción con alguna de sus compras anteriores?"*.
  Cliente: *"Sí"*.
  Vendedor: *"¿Y por qué decidió hacerlo de todos modos?"*.

Aquí intenta convencer al cliente con su propio comportamiento. Tenía la objeción y compró de todos modos. Ahora le ha pillado con las manos en la masa. El cliente pasa así de ser el agresor a ser el defensor. Las razones pueden ser muy reveladoras.

- *"Ya tenías estas preocupaciones, supongo, antes de nuestra conversación de hoy. ¿Por qué querías tenerla de todos modos?"*
  La presunción es: ahora que estás aquí, te interesa.

- *"¿Y qué crees que debería hacer ahora?"* o *"¿Y qué harías tú en mi lugar?"*.
  Con esta forma tan directa de pedir al cliente que cambie de papel, le obligas literalmente a ponerse en tu lugar como vendedor.

Para que el método de inversión de roles tenga éxito en tu práctica de ventas, hay un punto fundamental: tienes que evitar deslizarte automáticamente hacia el papel ancestral de la persona que argumenta contra las objeciones del cliente. Se trata de desconectar este impulso y no reaccionar como quien aprieta un botón y presenta un contraargumento.

Como ven, me estoy repitiendo. Pero debo confesar: ni siquiera lo siento. Puesto que ésta es quizá la idea básica más importante de todo el libro y del tema de la gestión de objeciones en general, quiero estar seguro de que cada lector se ha dado cuenta realmente de ella y ha comprendido su significado.

Idea básica 5: Argumentar y equilibrar

La última idea básica para hacer frente a las objeciones se refiere -al menos en cierta medida- a la argumentación o contraargumentación clásica. Si se quiere seguir este camino, al menos hay que hacerlo de forma que se pueda avanzar por él con rapidez y seguridad.

Argumentación

Por lo tanto, lo primero que debemos considerar es la típica argumentación/contraargumentación. Como se mencionaba al principio, la contraargumentación alberga el peligro de que ambos -vendedor y cliente- se entierren cada vez más en sus propias posiciones, de las que ya no pueden salir sin quedar mal. Una solución o un acuerdo se convierten así en una perspectiva lejana.

Y, sin embargo, hay un pequeño truco comunicativo que puede utilizarse para que los contraargumentos sean más fáciles de digerir y para quitarles parte de su dureza o agudeza. Aquí es donde entra en juego la palabrita "Y", que ya hemos encontrado en un post anterior.

- Cliente: *"Pero las ventas son un poco altas, creo".* Vendedor: *"Sí, **pero** está exactamente en línea con la moda actual".* Vendedor: *"Sí, **y** es exactamente acorde con la moda actual".*

Deja que ambas variantes tengan efecto en ti. ¿Notas la diferencia? ¿La siente? En la primera variante, no recomendada (por eso está tachada), el vendedor trabaja con un "Sí, pero...". El sí es sólo un "pseudoacuerdo". En realidad, no está de acuerdo con el cliente. Más bien, entra en resistencia y aporta una justificación del importe de la venta. Al hacerlo, debilita su posición negociadora. Se convierte en el defensor. Va un paso más allá y dice: "Lo tomas o lo dejas, así son las cosas", sin decirlo.

"PERO separa, Y conecta".

En la segunda variante, formula su afirmación con un "Sí, y..." en lugar de un "Sí, pero...". Esto transforma el sí en su significado. Se convierte en un verdadero acuerdo. El Y combina este acuerdo con un argumento que forma un contrapeso positivo al párrafo alto: Ahora está de moda. Ahora el cliente puede sopesar por sí mismo si acepta las ventas más elevadas a cambio de ir a la moda. La tentación es grande... creo yo.

Una cosa más. Antes hemos visto una variante positiva del "Sí, pero...". La diferencia con ésta es que allí el sí no se limitaba a un sí, sino que era una admisión exhaustiva de argumentos negativos y, por tanto, honesta y creíble.

Sustituye tus PEROS por Y. Le sorprenderá lo a menudo que funciona y lo bien que lo hace. Lo único difícil es -una vez más- desconectar el automatismo que produce el "Sí, pero...". Utilizamos el pero en muchísimas situaciones en las que no es necesario en absoluto:

- *"Quería irme de vacaciones, pero* ***y*** *no pude".*
- *"Ayer salimos, pero* ***y*** *conseguimos acostarnos antes de medianoche".*

Ahora bien, hay que reconocer que no hay nada en absoluto en contra de utilizar el pero en casos como estos. Sólo quería señalarles la frecuencia con que lo utilizamos en el lenguaje cotidiano pero y que no es necesario porque podría sustituirse por y. Este uso frecuente es, en mi opinión, la razón por la que cala tan hondo y a veces nos causa problemas en las ventas.

La petición: "¡No utilices más el 'Sí, pero...' en absoluto!". me parece exagerada. En su lugar, mi consejo es que lo utilices donde quieras de forma consciente e intencionada. Donde quieras entrar en resistencia consciente y separarte. Sin embargo, en la mayoría de las situaciones de venta, esto no es aconsejable.

Pesaje

Equipado de este modo con el "Y" como instrumento, ya puedes poner en práctica tus argumentos positivos. Pesar para objetar sigue la idea básica de que todo en la vida tiene ventajas e inconvenientes. Tú tampoco has comprado todavía nada que sólo tuviera ventajas. Al fin y al cabo, has pagado el precio por ello, lo que yo consideraría sin duda una desventaja. Sin embargo, eso no le ha impedido comprarlo.

Tus clientes piensan lo mismo. Mentalmente ponen las ventajas en una balanza y las desventajas en la otra. En última instancia, compran cuando las ventajas superan a los inconvenientes. Esto a veces puede producir extrañas desviaciones. Por ejemplo, me compré un traje que me quedaba muy bien y era una auténtica ganga, pero sencillamente no me quedaba bien. Lo supe cuando me lo probé, pero no quise admitirlo porque las ventajas eran enormes. La moraleja de la historia es que nunca me lo puse y al final lo regalé. ¿Le ha ocurrido algo parecido?

Estos y otros ejemplos similares demuestran que a menudo actuamos de forma irracional e irrazonable a la hora de tomar decisiones. También demuestran que incluso las desventajas importantes pueden verse compensadas por las ventajas adecuadas.

Ahora se trata de llenar la balanza con el mayor número posible, pero sobre todo con los argumentos adecuados que hablen a favor de su oferta. Pero, ¿cuáles son los argumentos adecuados? La respuesta podría llenar libros enteros, pero en pocas palabras, los argumentos adecuados son aquellos que son correctos a los ojos del cliente. Según el lema

"El cebo debe saber bien al pez, no al pescador".

Para nuestra imagen con la balanza, esto significa que los argumentos correctos simplemente pesan mucho más que cualquiera. Los equivocados no sólo pueden ser de poco peso, sino, en algunos casos, incluso contraproducentes. Puedes averiguar cuáles son los argumentos correctos realizando una evaluación detallada de las necesidades y formulando las preguntas adecuadas:

- *"¿Qué es lo más importante para usted a la hora de comprar su nuevo vehículo?"*
- *"¿Qué es lo más importante para usted de este proyecto?"*.
- *"Cuando decide recurrir a un proveedor de servicios externo, ¿qué criterios son especialmente relevantes para usted?"*.

Para hacer frente a las objeciones, puedes comparar las ventajas y desventajas en una hoja de papel, como expliqué en el tema "Comparación de competidores". El objetivo es enumerar tantas ventajas y de tanto peso que incluso las objeciones más importantes queden compensadas y el cliente compre a pesar de ellas.

Argumentar con ejemplos

Pero los argumentos no siempre tienen que ser tan racionales y objetivos. No tiene por qué ser siempre la lista de criterios que acabo de mencionar. Más bien al contrario. Consigue apelar no (sólo) a la mente, sino también a las emociones, y generar emociones útiles en el cliente con tus argumentos. Mejorarás significativamente tus posibilidades de cerrar el trato. Y esto funciona muy bien con historias, ejemplos y comparaciones.

Testimonios: historias y ejemplos de otros clientes

Cuente la historia de otro cliente que tuvo la misma objeción, eligió su oferta de todos modos y nunca se arrepintió de su decisión. Es incluso mejor si ellos mismos cuentan su historia:

la clásica estrategia del testimonio. Hay varias formas de hacerlo:

- Establece una relación entre tu nuevo cliente y el cliente satisfecho existente. Esto suena un poco elaborado, pero es un enfoque habitual para compras o proyectos importantes.
- Haz que tus clientes satisfechos escriban declaraciones que aborden exactamente las objeciones pertinentes y preséntaselas o envíaselas al cliente durante la conversación. O guárdalas en tu sitio web para que el cliente pueda leerlas allí.
- Si has grabado en vídeo la declaración de tu cliente satisfecho rebatiendo exactamente la objeción en cuestión, será aún más convincente.

Cuando hagas declaraciones a los clientes, asegúrate de que lo ideal es que sean

- formulada de forma muy específica: a un punto u objeción concretos,
- etiquetadas con el nombre, la profesión o el lugar (según el tipo de oferta) y
- se complementan con una foto o incluso, como ya se ha dicho, con un vídeo.

Por supuesto, como vendedor, también podrías ser un cliente porque tú mismo utilizas el producto y cuentas tu propia historia sobre el producto. Esto es sin duda útil, pero las declaraciones de otros clientes son más creíbles.

Historias generales

Pero incluso las historias y los ejemplos que no tienen nada que ver con tu producto o servicio pueden ser útiles a la hora de superar objeciones. Por ejemplo, puedes presentar a un cliente que plantea una objeción sobre el precio la portada de un periódico de actualidad con el titular "Todo es cada vez más caro" en letras grandes y en negrita (por supuesto, sólo si la objeción no se refiere a una comparación con un producto más barato de la competencia).

Qué historias y ejemplos pueden ser éstos depende, por supuesto, en gran medida del contenido de la objeción. He recopilado ejemplos aún más adecuados para las objeciones de precio en el libro ya mencionado "Gestión fácil de las objeciones al precio: 118 tácticas de venta de probada eficacia que te permitirán no quedarte sin palabras al negociar un precio".

>> www.romankmenta.com/shop

Al leer los últimos párrafos, es posible que ya te hayas preguntado de dónde sacar todas estas historias, ejemplos o incluso comparaciones. Es una buena pregunta. Una cosa de antemano: Es probable que no se te ocurran espontáneamente en el calor del momento en que los necesitas y, de todos modos, puede que estés un poco nervioso.

Si quieres trabajar con historias y ejemplos para hacer frente a las objeciones, esto sólo funcionará si los preparas. Piensa qué ejemplos corresponden a qué objeciones e, idealmente, desarrolla una historia adecuada o una exposición coherente de un testimonio para cada objeción que surja con más frecuencia. Si los recopilas sistemáticamente, con el tiempo tendrás un fondo bien surtido. A los vendedores con mucha experiencia parece que se les ocurren las historias adecuadas con bastante facilidad. No necesariamente porque sean brillantes, sino porque han llenado su fondo a lo largo del tiempo.

Comparar

Ya hemos trabajado con comparaciones en el contexto de las comparaciones con la competencia. Pero no necesariamente hay que comparar con la competencia. Si sirve a tus propósitos y refuerza tus afirmaciones, las hace más eficaces y más memorables, puedes hacer comparaciones literalmente de todo tipo. A menudo, una comparación -porque suele ser más pictórica- vale más que mil palabras.

Comparaciones verbales

La variante más común de la comparación es la verbal, es decir, la que se expresa con palabras. El clásico "El Mercedes entre los ..." está bastante gastado (por lo tanto, ya no lo recomiendo), pero subraya lo que quiero decir. Mercedes es conocida y, te guste Mercedes o no, Mercedes representa en cualquier caso un cierto lujo y un trabajo de calidad alemana. Por supuesto, es mejor introducir BMW, Audi o incluso Maserati (para seguir con los coches) si sabes que tu cliente prefiere estas marcas y encajas tu oferta.

Ni siquiera los comparadores adecuados volarán normalmente hacia ti en una charla de ventas si los necesitas urgentemente.

Si quieres utilizarlas, tienes que prepararlas... como muchas otras cosas en este contexto.

¿Cómo se te ocurren comparaciones adecuadas? Pregúntatelo a ti mismo:

- ¿Sobre qué tipo de objeción quieres argumentar?
    - Precio
    - Calidad
    - Peso
    - Velocidad
    - Longevidad/durabilidad
    - Orientación al servicio
    - Innovación
    - Seguridad
    - Estabilidad del valor
    - etc.
- En cuanto a estas objeciones, ¿qué producto de marca o empresa de marca conocida tiene un buen nombre y encaja de algún modo con su oferta? Pero también podría ser algo completamente diferente. Si se trata de velocidad, por ejemplo, pregúntate: ¿Qué es rápido?
- ¿La comparación seleccionada también encaja en el mundo de tu cliente?

Algunos ejemplos:

- *"Con nosotros, su dinero está tan seguro como en Fort Knox". (Objeción: Seguridad)*
- *"El airbag para su cartera en caso de desplome bursátil". (Objeción: Seguridad)*
- *"Este es el Tesla de los televisores". (Objeción: Innovación)*
- *"Dormirás como un bebé en este colchón".*

O si no:

- Cliente: *"Pero el aparato pesa bastante".*
  Vendedor: *"Tiene 3,5 kilogramos. Eso es aproximadamente la mitad del peso de una aspiradora media".*

- Cliente: *"Pero tardan mucho en entregarlo".*
  Vendedor: *"Mira este reloj de aquí, he estado esperando seis años enteros por éste".*

A un antiguo colega mío le pasó esto con un Rolex de acero. Con esta comparación también se comunica: Hay que esperar más por las cosas realmente valiosas y también merece la pena.

La comparación también puede ser "doble". Algunos ejemplos:

- *"Llamar coche a un Tesla es como decir que un iPhone es un teléfono".*

- *"Decir que nuestros productos son duraderos sería como llamar piedra a un diamante".*
- *"Llamar bueno a nuestro servicio sería como decir que el Burj Khalifa es solo un edificio alto".*

Las posibilidades de establecer comparaciones son casi inagotables. Por eso, con todos los ejemplos que puedo traer aquí, sólo se cubre una parte muy pequeña. Quizá algo como una ventana del ya mencionado Burj Khalifa. Para las ideas realmente buenas y adecuadas, hay que pensar en función de la oferta concreta.

Comparaciones gráficas

Transforma tus presentaciones de productos o servicios con atractivos elementos visuales. Las comparaciones gráficas pueden ser especialmente útiles para mostrar proporciones de tamaño, longitudes, estructuras de superficie y otros aspectos similares de sus ofertas. Impresiona a tus clientes con bocetos rápidos dibujados a mano que no tienen por qué ser perfectos, pero que transmiten tu mensaje con eficacia. Esta técnica se conoce como "venta a lápiz". También puedes utilizar un gráfico preparado de antemano que esté impreso o al que se pueda acceder fácilmente en formato digital.

Desglose

Para algunas objeciones -especialmente las de precio- puede ser útil desglosar las cifras para utilizarlas como argumento. Un ejemplo de ello:

- Cliente: *"Pero los zapatos son bastante caros"*. Vendedor: *"Así es, 400 euros es una inversión. Si los usas, como los que llevas ahora, durante diez años -que estoy seguro de que será así-, son unos 77 céntimos a la semana. Para un solo café, gastarás cuatro veces esa cantidad cada día"*.

Desglosarlo primero y luego compararlo -incluso con algo completamente distinto que el cliente posea o consuma- es eficaz.

HACER FRENTE A TUS OBJECIONES

Este libro se ha diseñado para ofrecerte una visión general, aunque breve, de las estrategias más eficaces para manejar las objeciones de tus clientes. Nuestro objetivo no es cubrir exhaustivamente todos los escenarios posibles, sino más bien equiparle con las técnicas más importantes y prácticas que harán que su experiencia de ventas sea más fluida y exitosa. Creemos que lo hemos conseguido y esperamos que esta guía te sirva de valioso recurso en tu viaje de ventas.

Pero, como siempre ocurre con el papel (o los bits si lee el libro como libro electrónico), el papel es muy paciente. Si de verdad quieres disfrutar de las ventajas que aporta a tus conversaciones de ventas, así como ampliar o aprovechar el potencial que encierra, haz lo siguiente:

- Vuelve a leer el libro.
- Destaca los métodos y estrategias que se adapten mejor a ti o a tu empresa.
- A partir de ahí, crea variantes concretas que puedas utilizar 1:1 en tus charlas de ventas.
- Practícalas. Asegúrate de haberlas interiorizado tan bien que puedas aplicarlas con facilidad en tus conversaciones de ventas.

Si lo haces, te prometo que el precio que has pagado por este libro te compensará cientos o incluso miles de veces, en forma de mejores relaciones con los clientes, más acuerdos y más rápidos, y mayores márgenes de contribución, ganancias u honorarios.

Te deseo mucho éxito en esta empresa.

SOBRE EL AUTOR

Conoce a Roman Kmenta, un gurú del marketing y la fijación de precios con más de tres décadas de experiencia internacional como empresario, conferenciante y autor de bestsellers. Roman aprovecha su amplia experiencia en marketing y ventas en los sectores B2B y B2C para ayudar a más de 100 de las principales empresas de Alemania, Suiza y Austria, así como a innumerables pequeñas empresas y empresarios individuales.

Su impacto es de gran alcance, con más de 25.000 lectores mensuales de su blog semanal y oyentes de su podcast. Roman ofrece ideas inspiradoras sobre el tema del "crecimiento rentable" para vendedores, ejecutivos y empresarios por igual, abogando por un enfoque de las ventas y el marketing basado en el valor. Prepárate para sentirte motivado e impulsado por sus charlas que invitan a la reflexión.

https://www.romankmenta.com

Foto: Matern, Vienna

Perfecto para organizaciones de ventas internacionales

1 libro en 23 idiomas

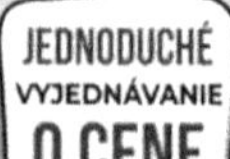

Para más información:
https://www.romankmenta.com/buch-zu-teuer-international/